הגדת המגיד

The
Maggid
Haggadah

Edited by
Kiva Shtull, M.D., Mohel

Introduction by
Rabbi Jacob Shtull

Typeset by Debbi Perkul Rube

Copyright © 1993 by
KIVA SHTULL, M.D.

Library of Congress
Catalog Card Number 92-75783

ISBN 0-9635772-0-4

ANN RAE
Publishing

34208 Aurora Road, Suite 273
Cleveland, Ohio 44139

Printed in United States of America

PINE HILL PRESS, INC.
Freeman, S. Dak. 57029

טעות-דפוס

בגלל סיבות טכניות לא הצלחנו
למקם את הדגש באותיות מסויימות.

אשתי, יהודית, ואני
מקדישים את ההגדה הזאת לכבוד

הורינו

הרב יעקב ושושנה שטול
שלמה דוד ומרים גרשון

ובנותינו

מוריה ולילה

My wife, Judy, and I
dedicate this Haggadah to

our parents

Rabbi Jacob and Rita Shtull

Sheldon and Marilyn Gerson

and our children

Moriah and Lila

תודה

ליהודית אשתי, שהדפיסה את הרישום הראשון באנגלית והנחתה אותי במעבד תמלילים,

לשמחה שטול-טראורינג (אחותי) מכוכב יאיר בישראל, שהדפיסה את הרישום הראשון בעברית,

לדינה שטול-ליבר ואורה שטול (אחיותי) שנסו לשכנע אותי לכלול איורים (אין איורים בגירסה ראשונית זו, אבל הן נתנו לי רעיון טוב יותר לגירסה הבאה),

למשה וחנה גרשון (גיסי וגיסתי) שבאדיבותם הנוחה הסכימו להשתתף בניסוי ההגדה-במספר ערבי סדר,

לרב מיכאל בן בנימין וחוה אהפנהיימר, חבר יקר, שקרא את ההגדה והביע דעות ורעיונות מצויינים,

לברכה סטדטלר, סופרת מנוסה, שקראה את ההגדה והציעה רעיונות מועילים,

למלכה קלאוזנר, שהשתמשה בהגדה זו בליל הסדר, כשההגדה היתה עדיין בשלב ההכנה,

לג'ין וונסקי, שגם היא הסכימה לנסות את ההגדה בליל הסדר,

ליואל רוב, שהדריך את אשתו בגרפיקה ממוחשבת במקצועיות רבה,

לדבי פרקול רוב, שעשתה עבודה מצויינת בסידור החומר לדפוס.

Thanks to

Judy, my wife, who typed the first English manuscript and showed me how to use the word processor,

Simcha Shtull-Trauring, of Kochav Yair, Israel, (my sister) who typed the first Hebrew manuscript,

Dina Shtull-Leber and Ora Shtull Bendit, (my sisters) who pushed and cajoled for illustrations, (there are no illustrations in this edition but they gave me an even better idea for the next edition),

Michael and Amy Gerson, (brother-in-law and sister-in-law) who graciously sat through a number of Sedarim at which this Haggadah was tested,

Rabbi Michael Oppenheimer, a fine friend, who read the manuscript and gave a number of excellent opinions,

Bea Stadtler, an accomplished author, who reviewed this Haggadah and offered her suggestions,

Marsha Klausner, who used this Haggadah at her Seder when it was still early in its development,

Jane Wansky, who also tested this Haggadah at her Seder,

Joel Rube, fellow P.K., who provided his computer graphics expertise to his wife,

Debbi Perkul Rube, who did a fantastic job of typesetting and layout!

תוכן

i	הקדמה
ii	מבוא
	הכנה לסדר פסח
iv	בדיקת חמץ
v	קערת הפסח
vi	סדר הדלקת נרות
1	**הסדר מתחיל**
2	סימני הסדר
3	**קדש**, מברכים על כוס יין ראשון
4	**ורחץ**, נוטלים ידיים
4	**כרפס**, טובלים ירק במי מלח ואוכלים
5	**יחץ**, חוצים מצה אמצעית לשני חלקים
5	**מגיד**, מספרים סיפור יציאת מצרים
21	כוס יין שני
22	**רחצה**, נוטלים ידיים
22	**מוציא מצה**, מברכים על המצה
22	**מרור**, מברכים על אכילת מרור
23	**כורך**, כורכים ואוכלים מצה במרור
23	ארבע קושיות
24	**מגיד**, המשך
40	**שולחן עורך**, אוכלים את סעודת החג
41	**צפון**, אכילת המצה הצפונה (האפיקומן)
41	**ברך**, מברכים ברכת המזון
44	כוס יין שלישי
44	שפוך חמתך
44	כוס אליהו
45	**הלל**, תהילים פרקים קיד-קטו
47	כוס יין רביעי
48	דיינו
49	אחד מי יודע
51	חד גדיא
52	**נרצה**, סיום

Contents

Introduction	i
Preface	ii
Preparation for the Passover Seder	
The Search for Leaven	iv
Arrangement of the Seder Plate	v
Candle Lighting	vi
The Seder Begins	1
The Order of the Evening	2
Kadesh, Blessing Over the First Cup of Wine	3
Ur-hatz, Hand Washing	4
Karpas, Eating a Vegetable Dipped in Salt Water	4
Yahatz, Dividing the Middle Matzah in Two	5
Maggid, Telling the Story of the Exodus from Egypt	5
The Second Cup of Wine	21
Rohtzah, Hand Washing	22
Motzi Matzah, Blessing over Unleavened Bread	22
Maror, Blessing for Eating Bitter Herbs	22
Korech, Eating Unleavened Bread and Bitter Herbs	23
Four Questions	23
Maggid continued	24
Shulhan Orech, The Festive Meal is Served	40
Tzafun, The Hidden Matzah	41
Barech, Grace After Meals	41
The Third Cup of Wine	44
"Pour out Your wrath"	44
Cup of Elijah	44
Hallel, Psalms 114 - 115	45
The Fourth Cup of Wine	47
Dayyenu, It Would Have Been Enough	48
Who Knows One?	49
An Only Kid	51
Nirtzah, Conclusion	52

הקדמה

בשנים האחרונות הוצאו לאור עריכות רבות של הגדות מודרניות ומעודכנות. כל עריכה ראתה צורך בריענון הטקסט המסורתי. ולכן, מוצאים אנו היום הגדות עם ה"איך" וה"למה" של כל צעד וצעד בטכס ה"סדר". הגדות אחרות הורידו את הפרושים של הפסוקים המסורתיים ובמקומם כללו קטעים בנושא החירות.

ד"ר עקיבא שטול מנסה לחדש ולרענן את ההגדה, תוך שמירת החלקים המהותיים של ה"סדר"-אולם עם דגש על פסוקים מהמקרא מסוף ספר בראשית ומהפרקים הראשונים בספר שמות. כוונתו היא לקשר בין סיפור מכירת יוסף לעבדות שיעבוד בני ישראל במצרים. בכך, חלק ה"מגיד" הופך לשיעור חזרה בטקסטים המקראיים הדנים בסיפורי יוסף ובבני ישראל במצרים.

אני מעריך את מאמצתו של בני להרחיב את הבחירה העומדת לרשות העולם היהודי המודרני - בזה שהוא מציע הגדה עם גישה מיוחדת.

הרב יעקוב שטול

Introduction

In recent history, numerous publications of updated Passover Haggadoth have appeared in print. Each edition has recognized the need for a freshening of the traditional text. Thus, we can now find Haggadoth with the 'how' and 'why' of each step in the Seder ritual. Others have removed the commentaries on the traditional verses that are expounded in favor of readings on the subject of freedom and liberty.

Dr. Kiva Shtull now contributes his effort to modernize the Haggadah, retaining the essential portions of the Seder order, but emphasizing biblical readings from the latter part of Genesis and the early chapters of Exodus. His intent is to relate the selling of Joseph into slavery with the slavery of the Israelites in Egypt. Thus, the 'maggid' portion becomes a refresher course in the biblical texts of the Joseph story and Israel in Egypt.

I commend my son's effort in expanding the choices available to the contemporary Jewish world by offering a Haggadah with a distinct approach.

Rabbi Jacob Shtull

מבוא

מה נשתנה ההגדה הזו מכל ההגדות?

כדי להדגיש את המקורות המקראיים של חג הפסח והצורה המקורית של שמירתו, המימרא של רבן גמליאל פותחת את הסדר. מצביעים על שלושת הפריטים: פסח, מצה, ומרור, וקוראים את הפסוקים מהתורה שמתייחסים להם. לאחריו קוראים את סדר סימני הסדר (מקורו מימי הביניים) שפותח בקידוש על כוס יין ראשון, נטילת ידיים, טבילת ירק (כרפס) וחציית המצה האמצעית.

משמעותה של "הגדה" היא לספר את סיפור יציאת בני ישראל ממצרים. "מגיד"- שמובנו המילולי הוא מי שמספר, הוא החלק בסדר הפסח בו מספרים את הסיפור. ההגדה המסורתית אינה מספרת את סיפור יציאת מצרים. הגדת המגיד ממלאת חלל זה, תוך שמירה על הסדר המסורתי של הערב. חלק ה"מגיד" בהגדה זו כולל חלקים מפרקים ל"ז-נ' בספר בראשית ומפרקים א'-טו' בספר שמות. בבראשית ל"ז-נ' סיפורי יוסף מתארים כיצד הגיעו אבותינו למצרים בתחילה ומדגישים שהשיעבוד של עמינו התחיל עם עבדותו של אדם אחד - יוסף. מסר נוסף הוא זה של אחריותינו בעבדותנו-הלא אחיו של יוסף הם שמכרו אותו.

הגדת המגיד ממשיכה בנטילת ידיים, הברכות על המצה והמרור, והטבילה השנייה (מרור בחרוסת). כל זה מוביל באופן טבעי לארבעת הקושיות. בשונה מההגדה המסורתית, הוצאה זו עונה על ארבעת השאלות על ידי קריאת קטעים בפרקים א-טו

Preface

How is this Haggadah different from other Haggadoth?

In order to emphasize the Biblical origins of the Passover festival, The Seder meal begins with the three central elements of its original observance: the Paschal Sacrifice, Unleavened Bread, and Bitter Herbs. The Maggid Haggadah then follows the order which has been in common usage since the Middle Ages: the blessing over the first of four cups of wine, washing of hands, dipping of a vegetable, and dividing the unleavened bread.

Haggadah means 'telling' and refers to the telling of the Exodus from Egypt. Maggid, literally 'the teller', is that section of the Passover Seder reserved for the story to be told. The classic Haggadah does not tell the story of the Exodus. The Maggid Haggadah fills that void while retaining the classical format of the Seder meal. The Maggid section in this publication consists of edited portions of the Book of Genesis chapters 37-50 and the Book of Exodus chapters 1-15. In Genesis 37-50 the Joseph story informs us of how our ancestors got to Egypt in the first place and emphasizes that the slavery of our people began with the enslavement of one individual, Joseph. Another message is that of our own responsibility in our enslavement. It was Joseph's own brothers who sold him.

The Maggid Haggadah continues with the washing of hands, blessings over unleavened bread and bitter herbs, and the second dipping of food. These lead naturally to the Four Questions. In contrast to the classic Haggadah, this edition answers the four questions. This is done through a

מספר שמות. בפרקים אלה מספרים על השיעבוד, משה, המכות, היציאה ממצרים וקריעת ים סוף. מעניין לציין ששמו של משה רבינו לא נזכר אפילו פעם אחת בהגדה המסורתית. איך באמת אפשר לספר סיפור יציאת מצרים בלי להזכיר את משה? בקטע מוארך זה של המגיד בסדר שלנו אנו גם מבליטים את שאלות "ארבעת בנים" יחד עם הציטוטים של כל אחד מספר שמות. חלק זה מסתיים עם שאלת הבן הרביעי מספר דברים פרק ו'. ממשיכים באכילת סעודת החג, אכילת המצה הצפונה (האפיקומן), ברכת המזון מקוצרת, תהילים פרק קי"ד-קט"ו, ושירים מסורתיים לסיום הסדר.

אני תקווה שהוצאה זו תכיר או תחדש למשתתפים בחגיגת סדר הפסח את תורשתינו המקראית הנהדרת.

עקיבא שטול, רופא, מוהל
חנוכה תשנ"ב

continuation of the Maggid section, the reading of edited portions of Exodus chapters 1-15. In these chapters the enslavement, introduction of Moses, ten plagues, Exodus, and Red Sea crossing are told. Note that in the classic Haggadah, Moses' name is not mentioned even once. How can the story of the Exodus be told without mentioning Moses? It is also in this extended Maggid portion of our Seder that the questions of the four children are highlighted with their respective Biblical quotations. This section concludes with the last child's question found in Deuteronomy chapter 6. The Festive Meal is next, followed by the Hidden Matzah, abbreviated Grace After Meals, Psalms 114 - 115, and the concluding songs.

It is my hope that the Maggid Haggadah will introduce and/or reintroduce the Passover Seder participants to our wonderful Biblical heritage.

Kiva Shtull, M.D., Mohel
Chanukah 1992

בְּדִיקַת חָמֵץ

שלושה עשר בניסן בערב עושים
בדיקת חמץ. לפני הבדיקה אומרים:

"וּשְׁמַרְתֶּם אֶת הַמַּצּוֹת כִּי בְּעֶצֶם הַיּוֹם הַזֶּה הוֹצֵאתִי אֶת צִבְאוֹתֵיכֶם מֵאֶרֶץ מִצְרָיִם, וּשְׁמַרְתֶּם אֶת הַיּוֹם הַזֶּה לְדֹרֹתֵיכֶם חֻקַּת עוֹלָם. בָּרִאשֹׁן בְּאַרְבָּעָה עָשָׂר יוֹם לַחֹדֶשׁ בָּעֶרֶב תֹּאכְלוּ מַצֹּת, עַד יוֹם הָאֶחָד וְעֶשְׂרִים לַחֹדֶשׁ בָּעָרֶב. שִׁבְעַת יָמִים שְׂאֹר לֹא יִמָּצֵא בְּבָתֵּיכֶם, כִּי כָּל אֹכֵל מַחְמֶצֶת וְנִכְרְתָה הַנֶּפֶשׁ הַהִוא מֵעֲדַת יִשְׂרָאֵל בַּגֵּר וּבְאֶזְרַח הָאָרֶץ."
(שמות יב:יז-יט)

בָּרוּךְ אַתָּה יְיָ אֱלֹהֵינוּ מֶלֶךְ הָעוֹלָם, אֲשֶׁר קִדְּשָׁנוּ בְּמִצְוֹתָיו וְצִוָּנוּ עַל בִּעוּר חָמֵץ.

בסיום הבדיקה אומרים:

כָּל חֲמִירָא וַחֲמִיעָא דְאִכָּא בִרְשׁוּתִי, דְּלָא חֲמִיתֵהּ, וּדְלָא חֲזִיתֵהּ, וּדְלָא בִעַרְתֵּהּ, וּדְלָא יָדַעְנָא בֵּיהּ, לִבְטֹל וְלֶהֱוֵי הֶפְקֵר כְּעַפְרָא דְאַרְעָא.

למחרת, ביום י"ד בניסן בבוקר,
שורפים את החמץ ואומרים:

כָּל חֲמִירָא וַחֲמִיעָא דְאִכָּא בִרְשׁוּתִי, דַּחֲזִיתֵהּ וּדְלָא חֲזִיתֵהּ, דַּחֲמִיתֵה וּדְלָא חֲמִיתֵהּ, דְּבִעַרְתֵּהּ וּדְלָא בִעַרְתֵּהּ, לִבְטִיל וְלֶהֱוֵי הֶפְקֵר כְּעַפְרָא דְאַרְעָא.

The Search for Leaven

> On the evening before the first Seder, the ritual of searching for leaven is conducted. At the start of this search, the following is recited:

"You shall observe the Festival of Unleavened Bread throughout the ages, for on this day I brought you out of Egypt. In the first month, from the evening of the fourteenth until the evening of the twenty-first, you shall eat unleavened bread. For these seven days, no leaven shall be found in your homes. Whoever eats leavened food, shall be cut off from the community of Israel."
(Exodus 12:17-19)

Blessed are You, Lord our God, Ruler of the universe, who has sanctified us with commandments, and commanded us to remove all leaven.

> At the conclusion of the search recite:

All leaven in my possession which I have not found or removed, or of which I am unaware, is hereby considered to be without owner, as is the dust of the earth.

> The next morning the leaven is burned and the following is recited:

All leaven in my possession, whether I have found it or not, whether I have removed it or not, is hereby considered to be without owner, as is the dust of the earth.

סֵדֶר הַקְעָרָה

יש מנהגים שונים לגבי המינים שמניחים על הקערה.

כרפס	ירק המסמל את האביב.
חרוסת	תערובת של אגוזים טחונים, תפוחי עץ (או תמרים, תאנים), יין ותבלינים - המסמלת את החומר ממנו עשו אבותינו לבנים במצרים.
מרור	ירק מר המזכיר את מרירות העבדות.
זרוע	עצם בשר צלוי המסמל את קרבן הפסח.
ביצה	ביצה צלויה המסמלת גם את האביב וגם את קרבן החגיגה.

נהוג בקהילות מסויימות להניח דבר שישי על הקערה - חזרת, סוג אחר של מרור. יש שמניחים את שלושת המצות מתחת למינים שהזכרנו.

Arrangement of the Seder Plate

There are many customs regarding the foods found on the Seder Plate.

Karpas A green vegetable symbolizing spring.

Haroset A mixture of chopped nuts and apples with wine and spices symbolizing the material from which our ancestors in Egypt made bricks.

Maror A bitter herb symbolizing the taste of slavery.

Zeroa A roasted bone of meat symbolizing the sacrifice of the Paschal Lamb.

Beitzah A roasted egg symbolizing both spring and the festival sacrifice.

Some Seder plates have a sixth item, Hazeret, another form of bitter herb. Some plates are designed so that the three matzot are placed underneath the above foods.

הַדְלָקַת נֵרוֹת

מדליקים את הנרות לפני שקיעת החמה:

בָּרוּךְ אַתָּה יְיָ אֱלֹהֵינוּ מֶלֶךְ הָעוֹלָם, אֲשֶׁר קִדְּשָׁנוּ בְּמִצְוֹתָיו וְצִוָּנוּ לְהַדְלִיק נֵר שֶׁל (שַׁבָּת וְ-) יוֹם טוֹב.

בָּרוּךְ אַתָּה יְיָ אֱלֹהֵנוּ מֶלֶךְ הָעוֹלָם, שֶׁהֶחֱיָנוּ וְקִיְּמָנוּ וְהִגִּיעָנוּ לַזְּמַן הַזֶּה.

הערה

למשפחות עם ילדים קטנים ממליצים להתחיל את הסדר (עד "שולחן ערוך") במקום נוח, כמו חדר משפחה או סלון.

Candle Lighting

The candles are lit before sunset:

Blessed are You, Lord our God, Ruler of the universe, who has sanctified us with commandments, and commanded us to kindle [the lights of the Sabbath and] the lights of this festival.

Blessed are You, Lord our God, Ruler of the universe, for keeping us in life, sustaining us, and allowing us to reach this day.

Please Note

For families with small children, we suggest that the Seder ritual (up to the Festive Meal) be conducted in the comfort of the family room.

הַסֵּדֶר מַתְחִיל

כָּתוּב בְּסֵפֶר שְׁמוֹת (יב:ח) שֶׁיֹּאכְלוּ בְּנֵי יִשְׂרָאֵל אֶת בְּשַׂר קָרְבַּן הַפֶּסַח "צְלִי אֵשׁ וּמַצּוֹת עַל מְרֹרִים." רַבָּן גַּמְלִיאֵל הָיָה אוֹמֵר, "כָּל שֶׁלֹּא אָמַר שְׁלֹשָׁה דְבָרִים אֵלּוּ בַּפֶּסַח לֹא יָצָא יְדֵי חוֹבָתוֹ, וְאֵלּוּ הֵן: פֶּסַח, מַצָּה, וּמָרוֹר."

מגביהים את הזרוע:

פֶּסַח שֶׁהָיוּ אֲבוֹתֵינוּ אוֹכְלִים בִּזְמַן שֶׁבֵּית הַמִּקְדָּשׁ הָיָה קַיָּם, עַל שׁוּם מָה? עַל שׁוּם שֶׁנֶּאֱמַר: "...זֶבַח פֶּסַח הוּא לַיהוה אֲשֶׁר פָּסַח עַל בָּתֵּי בְנֵי יִשְׂרָאֵל בְּמִצְרַיִם בְּנָגְפּוֹ אֶת מִצְרַיִם..." (שמות יב:כז)

מגביהים את המצה:

מַצָּה זוֹ שֶׁאָנוּ אוֹכְלִים עַל שׁוּם מָה? עַל שׁוּם שֶׁנֶּאֱמַר: "וַיֹּאפוּ אֶת הַבָּצֵק אֲשֶׁר הוֹצִיאוּ מִמִּצְרַיִם עֻגֹת מַצּוֹת כִּי לֹא חָמֵץ כִּי גֹרְשׁוּ מִמִּצְרַיִם וְלֹא יָכְלוּ לְהִתְמַהְמֵהַּ..." (שְׁמוֹת יב:לט)

מגביהים את המרור:

מָרוֹר זֶה שֶׁאָנוּ אוֹכְלִים עַל שׁוּם מָה? עַל שׁוּם שֶׁנֶּאֱמַר: "וַיַּעֲבִדוּ מִצְרַיִם אֶת בְּנֵי יִשְׂרָאֵל בְּפָרֶךְ. וַיְמָרֲרוּ אֶת חַיֵּיהֶם בַּעֲבֹדָה קָשָׁה בְּחֹמֶר וּבִלְבֵנִים וּבְכָל עֲבֹדָה בַּשָּׂדֶה..." (שְׁמוֹת א:יג-יד)

The Seder Begins

It is written in the Book of Exodus (12:8), the children of Israel shall eat the Paschal Sacrifice "roasted over the fire with unleavened bread and with bitter herbs." Rabban Gamliel said, "Whoever has not discussed the three central elements of Passover has not fulfilled their responsibility: the Paschal Sacrifice, Unleavened Bread, and Bitter Herbs."

Hold up the Shankbone:

The Paschal Sacrifice which our ancestors ate each year, when the Temple stood, why did they do this? It was eaten to remember, "...the Paschal Sacrifice to the Lord, who passed over the houses of the Israelites and struck the Egyptians..."(Exodus 12:27)

Hold up the Unleavened Bread:

This Unleavened Bread which we eat, why do we do this? It is eaten to remember that, "They baked unleavened cakes from the dough that they had taken out of Egypt, for they had been driven out and could not wait [for it to rise]..."(Exodus 12:39)

Hold up the Bitter Herbs:

These Bitter Herbs which we eat, why do we do this? It is eaten to remember that, "The Egyptians ruthlessly put the Israelites to hard labor. They made life bitter with harsh work at mortar and bricks, and in the fields..."
(Exodus 1:13-14)

סִימָנֵי הַסֵדֶר

סדר של פסח מתייחס לרצף סעודת החג. נהגו היהודים מנהגים ורצפים רבים ושונים משך ההסטוריה. רצף הסדר המקובל היום נקבע בימי הביניים. הגדת המגיד שומרת על תרשים זה תוך שינוי התוכן בחלקים מסויימים.

קַדֵשׁ	מברכים על כוס יין ראשון
וּרְחַץ	נוטלים ידיים
כַּרְפַּס	טובלים ירק במי מלח
יַחַץ	חוצים את המצה האמצעית
מַגִּיד	מספרים סיפור יציאת מצרים
רָחְצָה	נוטלים ידיים
מוֹצִיא מַצָּה	מברכים על המצה
מָרוֹר	מברכים על אכילת מרור
כּוֹרֵךְ	כורכים מצה במרור
שֻׁלְחָן עוֹרֵךְ	אוכלים את סעודת החג
צָפוּן	המצה הצפונה (האפיקומן)
בָּרֵךְ	מברכים ברכת המזון
הַלֵּל	מבחר פרקי תהילים
נִרְצָה	סיום הסדר

*ההגדה הזו מחלקת את חלק ה"מגיד" לשניים. מתחילים בקריאת פסוקים מפרקים ל"ז-נ' בספר בראשית. את המשך סיפור יציאת הצרים מספרים לפני אכילת הסעודה והוא בנוי על קטעים מספר שמות פרקים א'-ט"ו.

The Order of the Evening

Seder means 'order' and refers to the sequence of the Passover evening meal. Throughout Jewish history there have been many different customs and orders for the Seder. The sequence of the Seder in common usage today dates from the Middle Ages. The Maggid Haggadah retains this same outline while modifying the contents of some of the sections.

Kadesh	Blessing over the first cup of wine
Ur-hatz	Hand washing
Karpas	Eating a vegetable dipped in salt water
Yahatz	Dividing the middle matzah in two
Maggid*	Telling the story of the Exodus
Rohtzah	Hand washing
Motzi Matzah	Blessing over unleavened bread
Maror	Blessing for eating bitter herbs
Korech	Eating unleavened bread and bitter herbs
Shulhan Orech	The festive meal is served
Tzafun	The hidden matzah
Barech	Grace after the meal
Hallel	The praises of the book of Psalms
Nirtzah	Conclusion

* This Haggadah divides the Maggid section into two. Readings from Genesis chapters 37-50 begin the Maggid section. The continuation of the story is found just before the festive meal and consists of portions from Exodus chapters 1-15.

קַדֵּשׁ

בְּרָכָה עַל כּוֹס יַיִן רִאשׁוֹן

בליל שבת מוספים קטע זה וגם את המילים בסוגריים בהמשך.

(״וַיַּרְא אֱלֹהִים אֶת כָּל אֲשֶׁר עָשָׂה וְהִנֵּה טוֹב מְאֹד וַיְהִי עֶרֶב וַיְהִי בֹקֶר יוֹם הַשִּׁשִּׁי. וַיְכֻלּוּ הַשָּׁמַיִם וְהָאָרֶץ וְכָל צְבָאָם. וַיְכַל אֱלֹהִים בַּיּוֹם הַשְּׁבִיעִי מְלַאכְתּוֹ אֲשֶׁר עָשָׂה וַיִּשְׁבֹּת בַּיּוֹם הַשְּׁבִיעִי מִכָּל מְלַאכְתּוֹ אֲשֶׁר עָשָׂה. וַיְבָרֶךְ אֱלֹהִים אֶת יוֹם הַשְּׁבִיעִי וַיְקַדֵּשׁ אֹתוֹ כִּי בוֹ שָׁבַת מִכָּל מְלַאכְתּוֹ אֲשֶׁר בָּרָא אֱלֹהִים לַעֲשׂוֹת.״) (בְּרֵאשִׁית א:לא-ב:ג)

בָּרוּךְ אַתָּה יְיָ אֱלֹהֵנוּ מֶלֶךְ הָעוֹלָם, בּוֹרֵא פְּרִי הַגָּפֶן.
בָּרוּךְ אַתָּה יְיָ אֱלֹהֵנוּ מֶלֶךְ הָעוֹלָם, אֲשֶׁר בָּחַר בָּנוּ מִכָּל עָם וְרוֹמְמָנוּ מִכָּל לָשׁוֹן וְקִדְּשָׁנוּ בְּמִצְוֹתָיו, וַתִּתֶּן לָנוּ יְיָ אֱלֹהֵנוּ בְּאַהֲבָה (שַׁבָּתוֹת לִמְנוּחָה וּ-) מוֹעֲדִים לְשִׂמְחָה, חַגִּים וּזְמַנִּים לְשָׂשׂוֹן אֶת יוֹם (הַשַּׁבָּת הַזֶּה וְאֶת יוֹם) חַג הַמַּצּוֹת הַזֶּה זְמַן חֵרוּתֵינוּ (בְּאַהֲבָה) מִקְרָא קֹדֶשׁ זֵכֶר לִיצִיאַת מִצְרָיִם. כִּי בָנוּ בָחַרְתָּ וְאוֹתָנוּ קִדַּשְׁתָּ מִכָּל הָעַמִּים (וְשַׁבָּת) וּמוֹעֲדֵי קָדְשֶׁךָ (בְּאַהֲבָה וּבְרָצוֹן) בְּשִׂמְחָה וּבְשָׂשׂוֹן הִנְחַלְתָּנוּ. בָּרוּךְ אַתָּה יְיָ מְקַדֵּשׁ (הַשַּׁבָּת וְ-) יִשְׂרָאֵל וְהַזְּמַנִּים.

Kadesh
Blessing Over the First Cup of Wine

> On Friday evening add this paragraph as well as the words in brackets:

["God saw all that He had made, and found it very good. There was evening and morning of the sixth day. The heavens and the earth were finished. On the seventh day God finished working, and ceased from all which He had done. God blessed the seventh day and declared it holy, because on it God ceased from his work of creation."] (Genesis 1:31-2:3)

Blessed are You, Lord our God, Ruler of the universe who creates the fruit of the vine. Blessed are You, Lord our God, Ruler of the universe who has chosen us by sanctifying our people through your commandments. With love you have given us [Sabbath for rest and] festivals for joy, seasons and holidays for rejoicing, including [this Sabbath and] this festive Passover, a day of sacred assembly recalling the season of our liberation from Egypt. You have chosen us and sanctified us with Your joyous festivals. Blessed are You, Lord, who sanctifies [the Sabbath and] Israel and its holidays.

במוצאי שבת

(בָּרוּךְ אַתָּה יְיָ אֱלֹהֵינוּ מֶלֶךְ הָעוֹלָם, בּוֹרֵא מְאוֹרֵי הָאֵשׁ. בָּרוּךְ אַתָּה יְיָ אֱלֹהֵינוּ מֶלֶךְ הָעוֹלָם הַמַּבְדִּיל בֵּין קֹדֶשׁ לְחוֹל, בֵּין אוֹר לְחֹשֶׁךְ, בֵּין יִשְׂרָאֵל לָעַמִּים, בֵּין יוֹם הַשְּׁבִיעִי לְשֵׁשֶׁת יְמֵי הַמַּעֲשֶׂה. בֵּין קְדֻשַּׁת שַׁבָּת לִקְדֻשַּׁת יוֹם טוֹב הִבְדַּלְתָּ וְאֶת יוֹם הַשְּׁבִיעִי מִשֵּׁשֶׁת יְמֵי הַמַּעֲשֶׂה קִדַּשְׁתָּ, הִבְדַּלְתָּ וְקִדַּשְׁתָּ אֶת עַמְּךָ יִשְׂרָאֵל בִּקְדֻשָּׁתֶךָ. בָּרוּךְ אַתָּה יְיָ הַמַּבְדִּיל בֵּין קֹדֶשׁ לְקֹדֶשׁ.)

בָּרוּךְ אַתָּה יְיָ אֱלֹהֵינוּ מֶלֶךְ הָעוֹלָם, שֶׁהֶחֱיָנוּ וְקִיְּמָנוּ וְהִגִּיעָנוּ לַזְּמַן הַזֶּה.

וּרְחַץ
נְטִילַת יָדַיִם

נוטלים ידיים ואין מברכים.

כַּרְפַּס

טוֹבְלִים כַּמּוּת קְטַנָּה מִן הַכַּרְפַּס בְּמֵי מֶלַח

בעונת אביב זו, אנו מודים לבורא העולם
על חסדו ומשבחים את עובדי האדמה:

בָּרוּךְ אַתָּה יְיָ אֱלֹהֵינוּ מֶלֶךְ הָעוֹלָם, בּוֹרֵא פְּרִי הָאֲדָמָה.

On Saturday evening add this paragraph:

[Blessed are You, Lord our God, Ruler of the universe, creator of light and fire. Blessed are You, Lord our God, Ruler of the universe who has separated the sacred from the mundane, the light from the dark, Israel from the other nations, and the Sabbath from the six days of creation. By separating Your people Israel you have sanctified us. Just as You separated the Sabbath from the six days of creation, so have You separated the holiness of the Sabbath from that of other festivals. Blessed are You who separates these two holy days.]

Blessed are You, Lord our God, Ruler of the universe, for keeping us in life, sustaining us, and allowing us to reach this day.

Ur-Hatz
Hand Washing

> Hands are washed without saying the customary blessing.

Karpas
Eating a Vegetable Dipped in Salt Water

> In this spring season we are grateful for God's bounty and appreciate the work of the farmer.

Blessed are You, Lord our God, Ruler of the universe who creates the fruit of the earth.

יַחַץ

חוֹצִים אֶת הַמַּצָּה הָאֶמְצָעִית לִשְׁנֵי חֲלָקִים

את החלק הקטן של המצה משאירים בין שתי המצות השלמות. את החלק הגדול יותר ש"גונבים" הילדים ומחביאים, אוכלי בסוף הסעודה כ"אפיקומן".

מַגִּיד

מְסַפְּרִים סִיפּוּר יְצִיאַת מִצְרַיִם

"הגדה"- מהמילה להגיד (לספר) - מתייחסת לסיפור יציאת בני ישראל ממצרים. המילה "מגיד" קשורה ל"הגדה"; המגיד הוא מי שמספר. על ידי סיפור ההסטוריה של עמנו, המגיד מוסר את תורשתינו לדורות של היום.

מִסֵּפֶר בְּרֵאשִׁית

לז:ב...יוֹסֵף בֶּן שְׁבַע עֶשְׂרֵה שָׁנָה הָיָה רוֹעֶה אֶת אֶחָיו בַּצֹּאן... וַיָּבֵא יוֹסֵף אֶת דִּבָּתָם רָעָה אֶל אֲבִיהֶם. ג. וְיִשְׂרָאֵל אָהַב אֶת יוֹסֵף מִכָּל בָּנָיו כִּי בֶן זְקֻנִים הוּא לוֹ וְעָשָׂה לוֹ כְּתֹנֶת פַּסִּים. ד. וַיִּרְאוּ אֶחָיו כִּי אֹתוֹ אָהַב אֲבִיהֶם מִכָּל אֶחָיו וַיִּשְׂנְאוּ אֹתוֹ וְלֹא יָכְלוּ דַּבְּרוֹ לְשָׁלֹם.

ה. וַיַּחֲלֹם יוֹסֵף חֲלוֹם וַיַּגֵּד לְאֶחָיו... ו. וַיֹּאמֶר אֲלֵיהֶם שִׁמְעוּ נָא הַחֲלוֹם הַזֶּה אֲשֶׁר חָלָמְתִּי. ז. וְהִנֵּה אֲנַחְנוּ מְאַלְּמִים אֲלֻמִּים בְּתוֹךְ הַשָּׂדֶה וְהִנֵּה קָמָה אֲלֻמָּתִי וְגַם נִצָּבָה וְהִנֵּה תְסֻבֶּינָה אֲלֻמֹּתֵיכֶם וַתִּשְׁתַּחֲוֶיןָ לַאֲלֻמָּתִי. ח. וַיֹּאמְרוּ לוֹ אֶחָיו הֲמָלֹךְ תִּמְלֹךְ עָלֵינוּ אִם מָשׁוֹל תִּמְשֹׁל בָּנוּ וַיּוֹסִפוּ עוֹד שְׂנֹא אֹתוֹ עַל חֲלֹמֹתָיו וְעַל דְּבָרָיו.

Yahatz
Dividing the Middle Matzah in Two

> The middle matzah is broken in two. The larger piece is hidden, to be used after the meal in the Tzafun (literally 'hidden') section of the Seder.

Maggid
Telling the story of the Exodus from Egypt

Haggadah means 'telling' and refers to the telling of the Exodus from Egypt. The word 'maggid' is related to haggadah. The maggid is the teller of the story. By telling the history of our people, the maggid transmits our heritage to the present generations.

From the Book of Genesis

37:2 ...Joseph was seventeen when he tended the flocks with his brothers... and he brought home bad reports about them. 3 Their father, Israel, loved Joseph most of all his sons, for he was the child of his old age; and he made him a colorful coat. 4 When Joseph's brothers saw that their father loved him best, they hated him and could not speak a kind word to him.

5 Joseph had a dream which he told to his brothers... 6 "Listen to my dream! 7 We were binding sheaves in the field, when suddenly my sheaf stood up; then your sheaves gathered around and bowed down to mine." 8 His brothers answered, "Do you mean to rule over us?" They hated him even more for his dreams.

ט. וַיַּחֲלֹם עוֹד חֲלוֹם אַחֵר וַיְסַפֵּר אוֹתוֹ לְאֶחָיו
וַיֹּאמֶר הִנֵּה חָלַמְתִּי חֲלוֹם עוֹד וְהִנֵּה הַשֶּׁמֶשׁ וְהַיָּרֵחַ
וְאַחַד עָשָׂר כּוֹכָבִים מִשְׁתַּחֲוִים לִי. י. וַיְסַפֵּר אֶל
אָבִיו וְאֶל אֶחָיו וַיִּגְעַר בּוֹ אָבִיו וַיֹּאמֶר לוֹ מָה הַחֲלוֹם
הַזֶּה אֲשֶׁר חָלָמְתָּ הֲבוֹא נָבוֹא אֲנִי וְאִמְּךָ וְאַחֶיךָ
לְהִשְׁתַּחֲוֺת לְךָ אָרְצָה. יא. וַיְקַנְאוּ בוֹ אֶחָיו וְאָבִיו
שָׁמַר אֶת הַדָּבָר.

יב. וַיֵּלְכוּ אֶחָיו לִרְעוֹת אֶת צֹאן אֲבִיהֶם בִּשְׁכֶם.
יג. וַיֹּאמֶר יִשְׂרָאֵל אֶל יוֹסֵף הֲלוֹא אַחֶיךָ רֹעִים
בִּשְׁכֶם... יד. ...לֶךְ נָא רְאֵה אֶת שְׁלוֹם אַחֶיךָ וְאֶת
שְׁלוֹם הַצֹּאן וַהֲשִׁבֵנִי דָּבָר... יז. ...וַיֵּלֶךְ יוֹסֵף אַחַר
אֶחָיו וַיִּמְצָאֵם בְּדֹתָן.

יח. וַיִּרְאוּ אוֹתוֹ מֵרָחֹק וּבְטֶרֶם יִקְרַב אֲלֵיהֶם
וַיִּתְנַכְּלוּ אוֹתוֹ לַהֲמִיתוֹ. יט. וַיֹּאמְרוּ אִישׁ אֶל אָחִיו
הִנֵּה בַּעַל הַחֲלֹמוֹת הַלָּזֶה בָּא. כ. וְעַתָּה לְכוּ וְנַהַרְגֵהוּ
וְנַשְׁלִכֵהוּ בְּאַחַד הַבֹּרוֹת וְאָמַרְנוּ חַיָּה רָעָה אֲכָלָתְהוּ
וְנִרְאֶה מַה יִּהְיוּ חֲלֹמֹתָיו. כא. וַיִּשְׁמַע רְאוּבֵן
וַיַּצִּלֵהוּ מִיָּדָם וַיֹּאמֶר לֹא נַכֶּנּוּ נָפֶשׁ. כב. וַיֹּאמֶר
אֲלֵהֶם רְאוּבֵן אַל תִּשְׁפְּכוּ דָם הַשְׁלִיכוּ אוֹתוֹ אֶל
הַבּוֹר הַזֶּה אֲשֶׁר בַּמִּדְבָּר וְיָד אַל תִּשְׁלְחוּ בוֹ לְמַעַן
הַצִּיל אוֹתוֹ מִיָּדָם לַהֲשִׁיבוֹ אֶל אָבִיו. כג. וַיְהִי כַּאֲשֶׁר
בָּא יוֹסֵף אֶל אֶחָיו וַיַּפְשִׁיטוּ אֶת יוֹסֵף אֶת כֻּתָּנְתּוֹ
אֶת כְּתֹנֶת הַפַּסִּים אֲשֶׁר עָלָיו. כד. וַיִּקָּחֻהוּ וַיַּשְׁלִכוּ
אֹתוֹ הַבֹּרָה וְהַבּוֹר רֵק אֵין בּוֹ מָיִם.

9 Joseph dreamed again and said to his brothers, "I have had another dream! The sun, the moon, and eleven stars were bowing down to me." 10 When he told it to his father, Israel scolded him, "What is this dream? Am I, your mother, and your brothers to bow down to you?" 11 His brothers were furious, but his father kept it to himself.

12 Once, when the brothers had gone to pasture their father's flock, 13 Israel said to Joseph, "Your brothers are at Shechem... 14 ...go and see how they and the flocks are doing, and bring me back word."... 17 ...so Joseph followed after his brothers and found them in Dothan.

18 They saw him coming and plotted to kill him. 19 They said to each other, "Here comes that dreamer! 20 Let us kill him and throw him into a pit. We can say, 'A wild beast devoured him.' We shall see what becomes of his dreams!" 21 When Reuben heard them, he tried to save Joseph. He said, "Let us not take his life. 22 Shed no blood! Cast him into that pit in the wilderness, but do not touch him." He intended to return him to his father. 23 When Joseph came up to his brothers, they stripped him of his colorful coat, 24 and cast him into an empty pit.

כה. וַיֵּשְׁבוּ לֶאֱכָל לֶחֶם וַיִּשְׂאוּ עֵינֵיהֶם וַיִּרְאוּ
וְהִנֵּה אֹרְחַת יִשְׁמְעֵאלִים בָּאָה מִגִּלְעָד וּגְמַלֵּיהֶם
נֹשְׂאִים נְכֹאת וּצְרִי וָלֹט הוֹלְכִים לְהוֹרִיד מִצְרָיְמָה.
כו. וַיֹּאמֶר יְהוּדָה אֶל אֶחָיו מַה בֶּצַע כִּי נַהֲרֹג אֶת
אָחִינוּ וְכִסִּינוּ אֶת דָּמוֹ. כז. לְכוּ וְנִמְכְּרֶנּוּ
לַיִּשְׁמְעֵאלִים וְיָדֵנוּ אַל תְּהִי בוֹ כִּי אָחִינוּ בְשָׂרֵנוּ הוּא
וַיִּשְׁמְעוּ אֶחָיו. כח. וַיַּעַבְרוּ אֲנָשִׁים מִדְיָנִים סֹחֲרִים
וַיִּמְשְׁכוּ וַיַּעֲלוּ אֶת יוֹסֵף מִן הַבּוֹר וַיִּמְכְּרוּ אֶת יוֹסֵף
לַיִּשְׁמְעֵאלִים בְּעֶשְׂרִים כָּסֶף וַיָּבִיאוּ אֶת יוֹסֵף
מִצְרָיְמָה.

כט. וַיָּשָׁב רְאוּבֵן אֶל הַבּוֹר וְהִנֵּה אֵין יוֹסֵף בַּבּוֹר
וַיִּקְרַע אֶת בְּגָדָיו. ל. וַיָּשָׁב אֶל אֶחָיו וַיֹּאמַר הַיֶּלֶד
אֵינֶנּוּ וַאֲנִי אָנָה אֲנִי בָא. לא. וַיִּקְחוּ אֶת כְּתֹנֶת
יוֹסֵף וַיִּשְׁחֲטוּ שְׂעִיר עִזִּים וַיִּטְבְּלוּ אֶת הַכֻּתֹּנֶת בַּדָּם.
לב. וַיְשַׁלְּחוּ אֶת כְּתֹנֶת הַפַּסִּים וַיָּבִיאוּ אֶל אֲבִיהֶם
וַיֹּאמְרוּ זֹאת מָצָאנוּ הַכֶּר נָא הַכְּתֹנֶת בִּנְךָ הִוא אִם
לֹא. לג. וַיַּכִּירָהּ וַיֹּאמֶר כְּתֹנֶת בְּנִי חַיָּה רָעָה
אֲכָלָתְהוּ טָרֹף טֹרַף יוֹסֵף. לד. וַיִּקְרַע יַעֲקֹב שִׂמְלֹתָיו
וַיָּשֶׂם שַׂק בְּמָתְנָיו וַיִּתְאַבֵּל עַל בְּנוֹ יָמִים רַבִּים.

25 Then they sat down to eat. Looking up, they saw a caravan of Ishmaelites carrying gum, balm, and ladanum to Egypt. 26 Judah said to his brothers, "What do we gain by killing our brother and covering it up? 27 Let us sell him to the Ishmaelites, instead of doing away with him ourselves. After all, he is our brother." The brothers listened. 28 However, Midianite traders passed by and pulled Joseph out of the pit. They sold him for twenty silver pieces to the Ishmaelites, who brought Joseph to Egypt.

29 When Reuben returned to the pit and saw that Joseph was gone, he tore his own clothes. 30 Reuben came back to his brothers and said, "The boy is gone! What will I do now?" 31 Then they took Joseph's coat, slaughtered a kid, and dipped the coat in the blood. 32 They took the stained garment to their father and said, "We found this. Is it your son's coat?" 33 He recognized it and said, "It is my son's coat! A savage beast devoured him! Joseph was torn apart!" 34 Jacob tore his clothes, put on a sackcloth, and mourned for his son many days.

לט:א. וְיוֹסֵף הוּרַד מִצְרָיְמָה וַיִּקְנֵהוּ פּוֹטִיפַר
סְרִיס פַּרְעֹה שַׂר הַטַּבָּחִים אִישׁ מִצְרִי מִיַּד
הַיִּשְׁמְעֵאלִים אֲשֶׁר הוֹרִדֻהוּ שָׁמָּה. ב. וַיְהִי יהוה אֶת
יוֹסֵף וַיְהִי אִישׁ מַצְלִיחַ וַיְהִי בְּבֵית אֲדֹנָיו הַמִּצְרִי.
ד. וַיִּמְצָא יוֹסֵף חֵן בְּעֵינָיו וַיְשָׁרֶת אֹתוֹ וַיַּפְקִדֵהוּ עַל
בֵּיתוֹ וְכָל יֶשׁ לוֹ נָתַן בְּיָדוֹ. ו. ...וְלֹא יָדַע אִתּוֹ
מְאוּמָה כִּי אִם הַלֶּחֶם אֲשֶׁר הוּא אוֹכֵל וַיְהִי יוֹסֵף יְפֵה
תֹאַר וִיפֵה מַרְאֶה.

ז. וַיְהִי אַחַר הַדְּבָרִים הָאֵלֶּה וַתִּשָּׂא אֵשֶׁת אֲדֹנָיו
אֶת עֵינֶיהָ אֶל יוֹסֵף וַתֹּאמֶר שִׁכְבָה עִמִּי. ח. וַיְמָאֵן
וַיֹּאמֶר אֶל אֵשֶׁת אֲדֹנָיו הֵן אֲדֹנִי לֹא יָדַע אִתִּי מַה
בַּבָּיִת וְכֹל אֲשֶׁר יֶשׁ לוֹ נָתַן בְּיָדִי. ט. אֵינֶנּוּ גָדוֹל
בַּבַּיִת הַזֶּה מִמֶּנִּי וְלֹא חָשַׂךְ מִמֶּנִּי מְאוּמָה כִּי אִם
אוֹתָךְ בַּאֲשֶׁר אַתְּ אִשְׁתּוֹ וְאֵיךְ אֶעֱשֶׂה הָרָעָה הַגְּדֹלָה
הַזֹּאת וְחָטָאתִי לֵאלֹהִים. י. וַיְהִי כְּדַבְּרָהּ אֶל יוֹסֵף
יוֹם יוֹם וְלֹא שָׁמַע אֵלֶיהָ לִשְׁכַּב אֶצְלָהּ לִהְיוֹת עִמָּהּ.

יא. וַיְהִי כְּהַיּוֹם הַזֶּה וַיָּבֹא הַבַּיְתָה לַעֲשׂוֹת
מְלַאכְתּוֹ וְאֵין אִישׁ מֵאַנְשֵׁי הַבַּיִת שָׁם בַּבָּיִת.
יב. וַתִּתְפְּשֵׂהוּ בְּבִגְדוֹ לֵאמֹר שִׁכְבָה עִמִּי וַיַּעֲזֹב בִּגְדוֹ
בְּיָדָהּ וַיָּנָס וַיֵּצֵא הַחוּצָה. יד. וַתִּקְרָא לְאַנְשֵׁי בֵיתָהּ
וַתֹּאמֶר לָהֶם לֵאמֹר רְאוּ הֵבִיא לָנוּ אִישׁ עִבְרִי לְצַחֶק
בָּנוּ בָּא אֵלַי לִשְׁכַּב עִמִּי וָאֶקְרָא בְּקוֹל גָּדוֹל.
טו. וַיְהִי כְשָׁמְעוֹ כִּי הֲרִימֹתִי קוֹלִי וָאֶקְרָא וַיַּעֲזֹב
בִּגְדוֹ אֶצְלִי וַיָּנָס וַיֵּצֵא הַחוּצָה.

39:1 Meanwhile in Egypt, the chief steward of Pharaoh, Potiphar, bought Joseph from the Ishmaelites. 2 The Lord made Joseph a successful man in the house of his Egyptian master. 4 [Potiphar] put Joseph in charge of the household and placed all that he owned in his hands. 6 ...Potiphar did not pay attention to anything except the food that he ate. Joseph, however, was well built and handsome.

7 After awhile, his master's wife laid her eyes on Joseph and said, "Lie with me." 8 He refused and said to her, "My master gives no thought to anything in this house, and he has placed all that he owns in my hands. 9 He has no more authority here than I do, and he has withheld nothing from me except you. How could I do this wicked thing, and sin before God?" 10 Although she tempted Joseph day after day, he did not yield to her request.

11 One day, he came into the house to do his work. Since no one else was there, 12 she caught him by his coat and said, "Lie with me!" But he left his coat in her hand and got away. 14 She called to her servants and said, "Look, my husband brought a Hebrew to dally with us! He came to lie with me, but I screamed. 15 When he heard me screaming, he left his coat and fled outside."

יט. וַיְהִי כִשְׁמֹעַ אֲדֹנָיו אֶת דִּבְרֵי אִשְׁתּוֹ אֲשֶׁר
דִּבְּרָה אֵלָיו לֵאמֹר כַּדְּבָרִים הָאֵלֶּה עָשָׂה לִי עַבְדֶּךָ
וַיִּחַר אַפּוֹ. כ. וַיִּקַּח אֲדֹנֵי יוֹסֵף אֹתוֹ וַיִּתְּנֵהוּ אֶל
בֵּית הַסֹּהַר מְקוֹם אֲשֶׁר אֲסִרֵי הַמֶּלֶךְ אֲסוּרִים וַיְהִי שָׁם
בְּבֵית הַסֹּהַר. כא. וַיְהִי יהוה אֶת יוֹסֵף וַיֵּט אֵלָיו
חָסֶד וַיִּתֵּן חִנּוֹ בְּעֵינֵי שַׂר בֵּית הַסֹּהַר. כב. וַיִּתֵּן שַׂר
בֵּית הַסֹּהַר בְּיַד יוֹסֵף אֵת כָּל הָאֲסִירִים...

מ:א. וַיְהִי אַחַר הַדְּבָרִים הָאֵלֶּה חָטְאוּ מַשְׁקֵה
מֶלֶךְ מִצְרַיִם וְהָאֹפֶה לַאֲדֹנֵיהֶם לְמֶלֶךְ מִצְרָיִם.
ב. וַיִּקְצֹף פַּרְעֹה עַל שְׁנֵי סָרִיסָיו... ג. וַיִּתֵּן אֹתָם
בְּמִשְׁמַר בֵּית שַׂר הַטַּבָּחִים אֶל בֵּית הַסֹּהַר מְקוֹם אֲשֶׁר
יוֹסֵף אָסוּר שָׁם. ה. וַיַּחַלְמוּ חֲלוֹם שְׁנֵיהֶם אִישׁ חֲלֹמוֹ
בְּלַיְלָה אֶחָד... ו. וַיָּבֹא אֲלֵיהֶם יוֹסֵף בַּבֹּקֶר וַיַּרְא
אֹתָם וְהִנָּם זֹעֲפִים. ז. וַיִּשְׁאַל אֶת סְרִיסֵי פַרְעֹה אֲשֶׁר
אִתּוֹ בְמִשְׁמַר בֵּית אֲדֹנָיו לֵאמֹר מַדּוּעַ פְּנֵיכֶם רָעִים
הַיּוֹם. ח. וַיֹּאמְרוּ אֵלָיו חֲלוֹם חָלַמְנוּ וּפֹתֵר אֵין אֹתוֹ
וַיֹּאמֶר אֲלֵהֶם יוֹסֵף הֲלוֹא לֵאלֹהִים פִּתְרֹנִים סַפְּרוּ
נָא לִי.

19 When Potiphar heard his wife's story, he was furious 20 and confined Joseph with the king's prisoners. Even while Joseph was in prison, 21 the Lord was with him. He extended kindness to him and made the chief jailer favor him. 22 The chief jailer put him in charge of all the prisoners...

40:1 It so happened, that the cupbearer and the baker of the king of Egypt offended their lord. 2 Pharaoh was angry... 3 and confined them in the same prison where Joseph was. 5 One night, they both dreamed, each his own dream... 6 In the morning, Joseph saw that they were upset and 7 he asked them, "What is bothering you?" 8 They replied, "We had dreams, and no one can interpret them." Joseph said to them, "Interpretations are from the Divine! Please tell me your dreams."

ט. וַיְסַפֵּר שַׂר הַמַּשְׁקִים אֶת חֲלֹמוֹ לְיוֹסֵף וַיֹּאמֶר
לוֹ בַּחֲלוֹמִי וְהִנֵּה גֶפֶן לְפָנָי. י. וּבַגֶּפֶן שְׁלֹשָׁה שָׂרִיגִם
וְהִיא כְפֹרַחַת עָלְתָה נִצָּהּ הִבְשִׁילוּ אַשְׁכְּלֹתֶיהָ עֲנָבִים.
יא. וְכוֹס פַּרְעֹה בְּיָדִי וָאֶקַּח אֶת הָעֲנָבִים וָאֶשְׂחַט
אֹתָם אֶל כּוֹס פַּרְעֹה וָאֶתֵּן אֶת הַכּוֹס עַל כַּף פַּרְעֹה.
יב. וַיֹּאמֶר לוֹ יוֹסֵף זֶה פִּתְרֹנוֹ שְׁלֹשֶׁת הַשָּׂרִגִים
שְׁלֹשֶׁת יָמִים הֵם. יג. בְּעוֹד שְׁלֹשֶׁת יָמִים יִשָּׂא פַרְעֹה
אֶת רֹאשֶׁךָ וַהֲשִׁיבְךָ עַל כַּנֶּךָ וְנָתַתָּ כוֹס פַּרְעֹה בְּיָדוֹ
כַּמִּשְׁפָּט הָרִאשׁוֹן אֲשֶׁר הָיִיתָ מַשְׁקֵהוּ. יד. כִּי אִם
זְכַרְתַּנִי אִתְּךָ כַּאֲשֶׁר יִיטַב לָךְ וְעָשִׂיתָ נָּא עִמָּדִי חָסֶד
וְהִזְכַּרְתַּנִי אֶל פַּרְעֹה וְהוֹצֵאתַנִי מִן הַבַּיִת הַזֶּה.
טו. כִּי גֻנֹּב גֻּנַּבְתִּי מֵאֶרֶץ הָעִבְרִים וְגַם פֹּה לֹא
עָשִׂיתִי מְאוּמָה כִּי שָׂמוּ אֹתִי בַּבּוֹר.

טז. וַיַּרְא שַׂר הָאֹפִים כִּי טוֹב פָּתָר וַיֹּאמֶר אֶל
יוֹסֵף אַף אֲנִי בַּחֲלוֹמִי וְהִנֵּה שְׁלֹשָׁה סַלֵּי חֹרִי עַל
רֹאשִׁי. יז. וּבַסַּל הָעֶלְיוֹן מִכֹּל מַאֲכַל פַּרְעֹה מַעֲשֵׂה
אֹפֶה וְהָעוֹף אוֹכֵל אֹתָם מִן הַסַּל מֵעַל רֹאשִׁי.
יח. וַיַּעַן יוֹסֵף וַיֹּאמֶר זֶה פִּתְרֹנוֹ שְׁלֹשֶׁת הַסַּלִּים
שְׁלֹשֶׁת יָמִים הֵם. יט. בְּעוֹד שְׁלֹשֶׁת יָמִים יִשָּׂא פַרְעֹה
אֶת רֹאשְׁךָ מֵעָלֶיךָ וְתָלָה אוֹתְךָ עַל עֵץ וְאָכַל הָעוֹף
אֶת בְּשָׂרְךָ מֵעָלֶיךָ.

9 The cupbearer told his dream to Joseph. "In my dream, there was a vine 10 with three branches. It budded, it blossomed, and its grapes ripened before me. 11 With Pharaoh's cup in my hand, I pressed the grapes into it, and placed the cup in his hand." 12 Joseph said to him, "This is its meaning: The three branches are three days. 13 In three days Pharaoh will pardon you and reappoint you to be his cupbearer. 14 Just remember me when all is well with you. Please mention me to Pharaoh, so as to free me. 15 For I was stolen from the land of the Hebrews, and also here, I have done nothing to have been put in this pit."

16 When the baker saw how well Joseph had interpreted, he said, "In my dream there were three open baskets on my head. 17 In the top basket were all kinds of baked food for Pharaoh, and the birds were eating out of it." 18 Joseph answered, "This is its meaning: The three baskets are three days. 19 In three days Pharaoh will lift off your head and hang you on a pole; and the birds will eat your flesh."

כ. וַיְהִי בַּיּוֹם הַשְּׁלִישִׁי יוֹם הֻלֶּדֶת אֶת פַּרְעֹה
וַיַּעַשׂ מִשְׁתֶּה לְכָל עֲבָדָיו וַיִּשָּׂא אֶת רֹאשׁ שַׂר
הַמַּשְׁקִים וְאֶת רֹאשׁ שַׂר הָאֹפִים בְּתוֹךְ עֲבָדָיו.
כא. וַיָּשֶׁב אֶת שַׂר הַמַּשְׁקִים עַל מַשְׁקֵהוּ... כב. וְאֶת
שַׂר הָאֹפִים תָּלָה כַּאֲשֶׁר פָּתַר לָהֶם יוֹסֵף. כג. וְלֹא
זָכַר שַׂר הַמַּשְׁקִים אֶת יוֹסֵף וַיִּשְׁכָּחֵהוּ.

מא:א. וַיְהִי מִקֵּץ שְׁנָתַיִם יָמִים וּפַרְעֹה חֹלֵם
וְהִנֵּה עֹמֵד עַל הַיְאֹר. ב. וְהִנֵּה מִן הַיְאֹר עֹלֹת שֶׁבַע
פָּרוֹת יְפוֹת מַרְאֶה וּבְרִיאֹת בָּשָׂר וַתִּרְעֶינָה בָּאָחוּ.
ג. וְהִנֵּה שֶׁבַע פָּרוֹת אֲחֵרוֹת עֹלוֹת אַחֲרֵיהֶן מִן הַיְאֹר
רָעוֹת מַרְאֶה וְדַקּוֹת בָּשָׂר... ד. וַתֹּאכַלְנָה הַפָּרוֹת
רָעוֹת הַמַּרְאֶה וְדַקֹּת הַבָּשָׂר אֵת שֶׁבַע הַפָּרוֹת יְפֹת
הַמַּרְאֶה וְהַבְּרִיאֹת וַיִּיקַץ פַּרְעֹה.

ה. וַיִּישָׁן וַיַּחֲלֹם שֵׁנִית וְהִנֵּה שֶׁבַע שִׁבֳּלִים עֹלוֹת
בְּקָנֶה אֶחָד בְּרִיאוֹת וְטֹבוֹת. ו. וְהִנֵּה שֶׁבַע שִׁבֳּלִים
דַּקּוֹת וּשְׁדוּפֹת קָדִים צֹמְחוֹת אַחֲרֵיהֶן. ז. וַתִּבְלַעְנָה
הַשִּׁבֳּלִים הַדַּקּוֹת אֵת שֶׁבַע הַשִּׁבֳּלִים הַבְּרִיאוֹת
וְהַמְּלֵאוֹת וַיִּיקַץ פַּרְעֹה וְהִנֵּה חֲלוֹם.

20 Three days later, on his birthday, Pharaoh made a party for his officials, and raised up the cupbearer and the baker. 21 He restored the cupbearer to his post... 22 and the baker he hung, just as Joseph had interpreted to them. 23 But the cupbearer did not remember Joseph, he forgot all about him.

41:1 Two years later, Pharaoh dreamed that he was standing at the Nile, 2 when out of the river came seven handsome and sturdy cows, and they grazed in the reeds. 3 Then, seven other cows came out of the Nile, ugly and thin... 4 and ate up the handsome sturdy cows. Pharaoh awoke!

5 He fell asleep and dreamed again: Seven ears of solid and healthy grain, grew on one stalk. 6 Then seven other ears sprouted, thin and scorched by the east wind, 7 and they swallowed up the solid and healthy ears. Pharaoh awoke! What a dream!

ח. וַיְהִי בַבֹּקֶר וַתִּפָּעֶם רוּחוֹ וַיִּשְׁלַח וַיִּקְרָא אֶת
כָּל חַרְטֻמֵּי מִצְרַיִם וְאֶת כָּל חֲכָמֶיהָ וַיְסַפֵּר פַּרְעֹה לָהֶם
אֶת חֲלֹמוֹ וְאֵין פּוֹתֵר אוֹתָם לְפַרְעֹה. ט. וַיְדַבֵּר שַׂר
הַמַּשְׁקִים אֶת פַּרְעֹה לֵאמֹר אֶת חֲטָאַי אֲנִי מַזְכִּיר
הַיּוֹם. י. פַּרְעֹה קָצַף עַל עֲבָדָיו וַיִּתֵּן אֹתִי בְּמִשְׁמַר
בֵּית שַׂר הַטַּבָּחִים אֹתִי וְאֵת שַׂר הָאֹפִים.
יא. וַנַּחַלְמָה חֲלוֹם בְּלַיְלָה אֶחָד אֲנִי וָהוּא אִישׁ
כְּפִתְרוֹן חֲלֹמוֹ חָלָמְנוּ. יב. וְשָׁם אִתָּנוּ נַעַר עִבְרִי
עֶבֶד לְשַׂר הַטַּבָּחִים וַנְּסַפֶּר לוֹ וַיִּפְתָּר לָנוּ אֶת
חֲלֹמֹתֵינוּ אִישׁ כַּחֲלֹמוֹ פָּתָר. יג. וַיְהִי כַּאֲשֶׁר פָּתַר
לָנוּ כֵּן הָיָה אֹתִי הֵשִׁיב עַל כַּנִּי וְאֹתוֹ תָלָה.

יד. וַיִּשְׁלַח פַּרְעֹה וַיִּקְרָא אֶת יוֹסֵף וַיְרִיצֻהוּ מִן
הַבּוֹר וַיְגַלַּח וַיְחַלֵּף שִׂמְלֹתָיו וַיָּבֹא אֶל פַּרְעֹה.
טו. וַיֹּאמֶר פַּרְעֹה אֶל יוֹסֵף חֲלוֹם חָלַמְתִּי וּפֹתֵר אֵין
אֹתוֹ וַאֲנִי שָׁמַעְתִּי עָלֶיךָ לֵאמֹר תִּשְׁמַע חֲלוֹם לִפְתּוֹר
אֹתוֹ. טז. וַיַּעַן יוֹסֵף אֶת פַּרְעֹה לֵאמֹר בִּלְעָדָי
אֱלֹהִים יַעֲנֶה אֶת שְׁלוֹם פַּרְעֹה. כה. ...חֲלוֹם פַּרְעֹה
אֶחָד הוּא אֵת אֲשֶׁר הָאֱלֹהִים עֹשֶׂה הִגִּיד לְפַרְעֹה.
כו. שֶׁבַע פָּרֹת הַטֹּבֹת שֶׁבַע שָׁנִים הֵנָּה וְשֶׁבַע הַשִּׁבֳּלִים
הַטֹּבֹת שֶׁבַע שָׁנִים הֵנָּה חֲלוֹם אֶחָד הוּא. כז. וְשֶׁבַע
הַפָּרוֹת הָרַקּוֹת וְהָרָעֹת הָעֹלֹת אַחֲרֵיהֶן שֶׁבַע שָׁנִים
הֵנָּה וְשֶׁבַע הַשִּׁבֳּלִים הָרֵקוֹת שְׁדֻפוֹת הַקָּדִים יִהְיוּ
שֶׁבַע שְׁנֵי רָעָב. כט. הִנֵּה שֶׁבַע שָׁנִים בָּאוֹת שָׂבָע
גָּדוֹל בְּכָל אֶרֶץ מִצְרָיִם. ל. וְקָמוּ שֶׁבַע שְׁנֵי רָעָב
אַחֲרֵיהֶן וְנִשְׁכַּח כָּל הַשָּׂבָע בְּאֶרֶץ מִצְרָיִם...

8 Next morning, Pharaoh was upset. He sent for all the magicians and wise men of Egypt, told them his dreams, but no one could interpret them. 9 The cupbearer spoke up, "I now remember that 10 once Pharaoh was angry with his servants, and placed me in prison together with the baker. 11 One night, we dreamed, each dream with a meaning of its own. 12 A young Hebrew was there, and when we told him our dreams, he interpreted them. 13 It came to pass just as he interpreted. I was restored to my post, and the baker was hung."

14 Immediately, Pharaoh sent for Joseph. He was rushed from prison, had his hair cut and clothes changed, and appeared before Pharaoh. 15 Pharaoh said to Joseph, "I have had a dream, but no one can interpret it. I have heard that when you hear a dream, you can tell its meaning." 16 Joseph replied, "God, not I, will see to Pharaoh's well-being. 25 ...Pharaoh's two dreams are the same. God has told you what He is about to do. 26 The seven healthy cows and the seven healthy ears of grain represent seven years; it is one dream. 27 The seven thin and ugly cows and the seven scorched ears of grain that followed also represent seven years. 29 Seven years of great abundance are ahead. 30 Seven years of famine will come after them, and all the abundance will be forgotten...

לג. וְעַתָּה יֵרֶא פַרְעֹה אִישׁ נָבוֹן וְחָכָם וִישִׁיתֵהוּ עַל אֶרֶץ מִצְרָיִם. לה. וְיִקְבְּצוּ אֶת כָּל אֹכֶל הַשָּׁנִים הַטֹּבוֹת הַבָּאֹת הָאֵלֶּה וְיִצְבְּרוּ בָר תַּחַת יַד פַּרְעֹה אֹכֶל בֶּעָרִים וְשָׁמָרוּ. לו. וְהָיָה הָאֹכֶל לְפִקָּדוֹן לָאָרֶץ לְשֶׁבַע שְׁנֵי הָרָעָב אֲשֶׁר תִּהְיֶיןָ בְּאֶרֶץ מִצְרָיִם...

לז. וַיִּיטַב הַדָּבָר בְּעֵינֵי פַרְעֹה וּבְעֵינֵי כָּל עֲבָדָיו. לח. וַיֹּאמֶר פַּרְעֹה אֶל עֲבָדָיו הֲנִמְצָא כָזֶה אִישׁ אֲשֶׁר רוּחַ אֱלֹהִים בּוֹ. לט. וַיֹּאמֶר פַּרְעֹה אֶל יוֹסֵף אַחֲרֵי הוֹדִיעַ אֱלֹהִים אוֹתְךָ אֶת כָּל זֹאת אֵין נָבוֹן וְחָכָם כָּמוֹךָ. מ. אַתָּה תִּהְיֶה עַל בֵּיתִי וְעַל פִּיךָ יִשַּׁק כָּל עַמִּי רַק הַכִּסֵּא אֶגְדַּל מִמֶּךָּ. מא. וַיֹּאמֶר פַּרְעֹה אֶל יוֹסֵף רְאֵה נָתַתִּי אוֹתְךָ עַל כָּל אֶרֶץ מִצְרָיִם.

מז. וַתַּעַשׂ הָאָרֶץ בְּשֶׁבַע שְׁנֵי הַשָּׂבָע לִקְמָצִים. מח. וַיִּקְבֹּץ אֶת כָּל אֹכֶל שֶׁבַע שָׁנִים אֲשֶׁר הָיוּ בְּאֶרֶץ מִצְרַיִם וַיִּתֶּן אֹכֶל בֶּעָרִים... מט. וַיִּצְבֹּר יוֹסֵף בָּר כְּחוֹל הַיָּם הַרְבֵּה מְאֹד עַד כִּי חָדַל לִסְפֹּר כִּי אֵין מִסְפָּר.

נג. וַתִּכְלֶינָה שֶׁבַע שְׁנֵי הַשָּׂבָע אֲשֶׁר הָיָה בְּאֶרֶץ מִצְרָיִם. נד. וַתְּחִלֶּינָה שֶׁבַע שְׁנֵי הָרָעָב לָבוֹא כַּאֲשֶׁר אָמַר יוֹסֵף וַיְהִי רָעָב בְּכָל הָאֲרָצוֹת וּבְכָל אֶרֶץ מִצְרַיִם הָיָה לָחֶם. נו. וְהָרָעָב הָיָה עַל כָּל פְּנֵי הָאָרֶץ וַיִּפְתַּח יוֹסֵף אֶת כָּל אֲשֶׁר בָּהֶם וַיִּשְׁבֹּר לְמִצְרַיִם וַיֶּחֱזַק הָרָעָב בְּאֶרֶץ מִצְרָיִם. נז. וְכָל הָאָרֶץ בָּאוּ מִצְרַיְמָה לִשְׁבֹּר אֶל יוֹסֵף...

33 [Joseph continued,] "Therefore, let Pharaoh find a wise and discerning man, and appoint him over Egypt. 35 Let all the food of the good years be gathered under Pharaoh's authority and stored in the cities. 36 That food will be a reserve for the seven years of famine which will follow..."

37 The plan pleased Pharaoh and his court. 38 He said to his courtiers, "Could we find another man like him, in whom the spirit of God rests?" 39 Pharaoh said to Joseph, "Since God has revealed this to you, there is no one as wise and discerning as you. 40 You shall be in charge of my court, and all my people will be directed by your command. Only the throne will be higher than you. 41 I now place you in charge of all the land of Egypt."

47 During the seven good years, 48 Joseph gathered all the grain and stored it in the cities... 49 He collected produce in very large quantities, and like the sands of the sea, it could not be counted.

53 The seven years of plenty came to an end, 54 and the seven years of famine began, just as Joseph had foretold. There was widespread famine, but in Egypt there was grain for bread. 56 When the famine became more severe, Joseph rationed out grain. Then the famine spread, 57 and all the world came to Joseph in Egypt to buy rations...

מב:א. וַיַּרְא יַעֲקֹב כִּי יֶשׁ שֶׁבֶר בְּמִצְרָיִם וַיֹּאמֶר
יַעֲקֹב לְבָנָיו לָמָּה תִּתְרָאוּ. ב. וַיֹּאמֶר הִנֵּה שָׁמַעְתִּי
כִּי יֶשׁ שֶׁבֶר בְּמִצְרָיִם רְדוּ שָׁמָּה וְשִׁבְרוּ לָנוּ מִשָּׁם
וְנִחְיֶה וְלֹא נָמוּת. ג. וַיֵּרְדוּ אֲחֵי יוֹסֵף עֲשָׂרָה לִשְׁבֹּר
בָּר מִמִּצְרָיִם. ד. וְאֶת בִּנְיָמִין אֲחִי יוֹסֵף לֹא שָׁלַח
יַעֲקֹב אֶת אֶחָיו כִּי אָמַר פֶּן יִקְרָאֶנּוּ אָסוֹן.

ו. וְיוֹסֵף הוּא הַשַּׁלִּיט עַל הָאָרֶץ הוּא הַמַּשְׁבִּיר
לְכָל עַם הָאָרֶץ וַיָּבֹאוּ אֲחֵי יוֹסֵף וַיִּשְׁתַּחֲווּ לוֹ אַפַּיִם
אָרְצָה. ז. וַיַּרְא יוֹסֵף אֶת אֶחָיו וַיַּכִּרֵם וַיִּתְנַכֵּר
אֲלֵיהֶם וַיְדַבֵּר אִתָּם קָשׁוֹת וַיֹּאמֶר אֲלֵיהֶם מֵאַיִן
בָּאתֶם וַיֹּאמְרוּ מֵאֶרֶץ כְּנַעַן לִשְׁבָּר אֹכֶל. ח. וַיַּכֵּר
יוֹסֵף אֶת אֶחָיו וְהֵם לֹא הִכִּרֻהוּ. ט. וַיִּזְכֹּר יוֹסֵף אֵת
הַחֲלֹמוֹת אֲשֶׁר חָלַם לָהֶם וַיֹּאמֶר אֲלֵיהֶם מְרַגְּלִים אַתֶּם
לִרְאוֹת אֶת עֶרְוַת הָאָרֶץ בָּאתֶם. י. וַיֹּאמְרוּ אֵלָיו לֹא
אֲדֹנִי וַעֲבָדֶיךָ בָּאוּ לִשְׁבָּר אֹכֶל. יא. כֻּלָּנוּ בְּנֵי אִישׁ
אֶחָד נָחְנוּ כֵּנִים אֲנַחְנוּ לֹא הָיוּ עֲבָדֶיךָ מְרַגְּלִים.
יב. וַיֹּאמֶר אֲלֵהֶם לֹא כִּי עֶרְוַת הָאָרֶץ בָּאתֶם
לִרְאוֹת. יג. וַיֹּאמְרוּ שְׁנֵים עָשָׂר עֲבָדֶיךָ אַחִים אֲנַחְנוּ
בְּנֵי אִישׁ אֶחָד בְּאֶרֶץ כְּנָעַן וְהִנֵּה הַקָּטֹן אֶת אָבִינוּ
הַיּוֹם וְהָאֶחָד אֵינֶנּוּ. יד. וַיֹּאמֶר אֲלֵהֶם יוֹסֵף הוּא
אֲשֶׁר דִּבַּרְתִּי אֲלֵכֶם לֵאמֹר מְרַגְּלִים אַתֶּם. טו. חֵי
פַרְעֹה אִם תֵּצְאוּ מִזֶּה כִּי אִם בְּבוֹא אֲחִיכֶם הַקָּטֹן
הֵנָּה. טז. שִׁלְחוּ מִכֶּם אֶחָד וְיִקַּח אֶת אֲחִיכֶם וְאַתֶּם
הֵאָסְרוּ וְיִבָּחֲנוּ דִּבְרֵיכֶם הַאֱמֶת אִתְּכֶם וְאִם לֹא חֵי
פַרְעֹה כִּי מְרַגְּלִים אַתֶּם. יז. וַיֶּאֱסֹף אֹתָם אֶל מִשְׁמָר
שְׁלֹשֶׁת יָמִים.

42:1 When Jacob saw that there was food in Egypt, he said to his sons, "Why do you keep looking at each other? 2 I hear that there is food in Egypt. Go down and buy food, so that we may live and not die." 3 Ten of Joseph's brothers went down to get grain in Egypt, 4 but Jacob did not send Joseph's brother Benjamin with them, for he feared another disaster.

6 Joseph ruled the land and dispensed rations to everyone. Joseph's brothers came and bowed down to him, with their faces to the ground. 7 Joseph saw his brothers and recognized them; but he acted like a stranger and spoke harshly, "Where do you come from?" They said, "From the land of Canaan, to buy food." 8 Joseph's brothers did not recognize him. 9 Remembering the dreams that he had about them, Joseph said, "You are spies, you have come to see the naked land." 10 They said, "Not so, my lord! Your servants have come to buy food. 11 We are all sons of one man. Your servants are honest men. We have never been spies!" 12 Joseph said, "No, you have come to see the naked land!" 13 They replied, "We were twelve brothers. The youngest is now with our father, and one is no more." 14 Joseph said, "It is just as I have spoken. You are spies! 15 I swear by Pharaoh that you will not leave this place unless your youngest brother comes here. 16 One of you go and bring your brother, and the rest of you will remain here, so that the truth of your words may tested. Otherwise, you are nothing but spies!" 17 Joseph imprisoned them for three days.

יח. וַיֹּאמֶר אֲלֵיהֶם יוֹסֵף בַּיּוֹם הַשְּׁלִישִׁי זֹאת
עֲשׂוּ וִחְיוּ אֶת הָאֱלֹהִים אֲנִי יָרֵא. יט. אִם כֵּנִים אַתֶּם
אֲחִיכֶם אֶחָד יֵאָסֵר בְּבֵית מִשְׁמַרְכֶם וְאַתֶּם לְכוּ הָבִיאוּ
שֶׁבֶר רַעֲבוֹן בָּתֵּיכֶם. כ. וְאֶת אֲחִיכֶם הַקָּטֹן תָּבִיאוּ
אֵלַי וְיֵאָמְנוּ דִבְרֵיכֶם וְלֹא תָמוּתוּ... כד. וַיִּסֹּב
מֵעֲלֵיהֶם וַיֵּבְךְּ וַיָּשָׁב אֲלֵיהֶם וַיְדַבֵּר אֲלֵיהֶם וַיִּקַּח
מֵאִתָּם אֶת שִׁמְעוֹן וַיֶּאֱסֹר אֹתוֹ לְעֵינֵיהֶם. כה. וַיְצַו
יוֹסֵף וַיְמַלְאוּ אֶת כְּלֵיהֶם בָּר וּלְהָשִׁיב כַּסְפֵּיהֶם אִישׁ
אֶל שַׂקּוֹ וְלָתֵת לָהֶם צֵדָה לַדָּרֶךְ וַיַּעַשׂ לָהֶם כֵּן.
כו. וַיִּשְׂאוּ אֶת שִׁבְרָם עַל חֲמֹרֵיהֶם וַיֵּלְכוּ מִשָּׁם.

כז. וַיִּפְתַּח הָאֶחָד אֶת שַׂקּוֹ לָתֵת מִסְפּוֹא לַחֲמֹרוֹ
בַּמָּלוֹן וַיַּרְא אֶת כַּסְפּוֹ וְהִנֵּה הוּא בְּפִי אַמְתַּחְתּוֹ.
כח. וַיֹּאמֶר אֶל אֶחָיו הוּשַׁב כַּסְפִּי וְגַם הִנֵּה בְאַמְתַּחְתִּי
וַיֵּצֵא לִבָּם וַיֶּחֶרְדוּ אִישׁ אֶל אָחִיו לֵאמֹר מַה זֹּאת עָשָׂה
אֱלֹהִים לָנוּ. כט. וַיָּבֹאוּ אֶל יַעֲקֹב אֲבִיהֶם אַרְצָה
כְּנָעַן וַיַּגִּידוּ לוֹ אֵת כָּל הַקֹּרֹת אֹתָם... לה. וַיְהִי הֵם
מְרִיקִים שַׂקֵּיהֶם וְהִנֵּה אִישׁ צְרוֹר כַּסְפּוֹ בְּשַׂקּוֹ וַיִּרְאוּ
אֶת צְרֹרוֹת כַּסְפֵּיהֶם הֵמָּה וַאֲבִיהֶם וַיִּרָאוּ.
לו. וַיֹּאמֶר אֲלֵיהֶם יַעֲקֹב אֲבִיהֶם אֹתִי שִׁכַּלְתֶּם יוֹסֵף
אֵינֶנּוּ וְשִׁמְעוֹן אֵינֶנּוּ וְאֶת בִּנְיָמִן תִּקָּחוּ עָלַי הָיוּ
כֻלָּנָה.

18 Then Joseph said to them, "Do this and you will live, for I fear God. 19 If you are honest men, one of you will be held here, while the rest of you take home food for your starving households; 20 but you must bring me your youngest brother, to verify your words so that you may not die."... 24 Joseph turned away from them and cried. When he came back, he took Simeon and had him bound before their eyes. 25 Then Joseph gave orders to fill their bags with grain, secretly return each one's money to his sack, and give them enough supplies for the journey. 26 They loaded their animals with the rations and left.

27 At the night encampment, one of them opened his sack and found his money there. 28 He called to his brothers, "My money has been returned! It is here in my bag!" Their hearts trembled and they thought, "What has God done to us?" 29 When they came home to Canaan, they told their father all that had happened... 35 As they opened their sacks, each one was horrified to find his money-bag! 36 Jacob said to them, "I am mourning again. Joseph is no more, Simeon is no more, and now you would take Benjamin. All of them are on my head!"

מג:א. וְהָרָעָב כָּבֵד בָּאָרֶץ.   ב. וַיְהִי כַּאֲשֶׁר כִּלּוּ לֶאֱכֹל אֶת הַשֶּׁבֶר אֲשֶׁר הֵבִיאוּ מִמִּצְרָיִם וַיֹּאמֶר אֲלֵיהֶם אֲבִיהֶם שֻׁבוּ שִׁבְרוּ לָנוּ מְעַט אֹכֶל.   ג. וַיֹּאמֶר אֵלָיו יְהוּדָה לֵאמֹר הָעֵד הֵעִד בָּנוּ הָאִישׁ לֵאמֹר לֹא תִרְאוּ פָנַי בִּלְתִּי אֲחִיכֶם אִתְּכֶם.   ד. אִם יֶשְׁךָ מְשַׁלֵּחַ אֶת אָחִינוּ אִתָּנוּ נֵרְדָה...   ה. וְאִם אֵינְךָ מְשַׁלֵּחַ לֹא נֵרֵד...   ו. וַיֹּאמֶר יִשְׂרָאֵל לָמָה הֲרֵעֹתֶם לִי לְהַגִּיד לָאִישׁ הַעוֹד לָכֶם אָח.   ז. וַיֹּאמְרוּ שָׁאוֹל שָׁאַל הָאִישׁ לָנוּ וּלְמוֹלַדְתֵּנוּ לֵאמֹר הַעוֹד אֲבִיכֶם חַי הֲיֵשׁ לָכֶם אָח וַנַּגֶּד לוֹ עַל פִּי הַדְּבָרִים הָאֵלֶּה הֲיָדוֹעַ נֵדַע כִּי יֹאמַר הוֹרִידוּ אֶת אֲחִיכֶם.

יא. וַיֹּאמֶר אֲלֵיהֶם יִשְׂרָאֵל אֲבִיהֶם אִם כֵּן אֵפוֹא זֹאת עֲשׂוּ קְחוּ מִזִּמְרַת הָאָרֶץ בִּכְלֵיכֶם וְהוֹרִידוּ לָאִישׁ מִנְחָה מְעַט צֳרִי וּמְעַט דְּבַשׁ נְכֹאת וָלֹט בָּטְנִים וּשְׁקֵדִים.   יב. ...וְאֶת הַכֶּסֶף הַמּוּשָׁב בְּפִי אַמְתְּחֹתֵיכֶם תָּשִׁיבוּ בְיֶדְכֶם אוּלַי מִשְׁגֶּה הוּא.   יג. וְאֶת אֲחִיכֶם קָחוּ וְקוּמוּ שׁוּבוּ אֶל הָאִישׁ.   יד. וְאֵל שַׁדַּי יִתֵּן לָכֶם רַחֲמִים לִפְנֵי הָאִישׁ וְשִׁלַּח לָכֶם אֶת אֲחִיכֶם אַחֵר וְאֶת בִּנְיָמִין וַאֲנִי כַּאֲשֶׁר שָׁכֹלְתִּי שָׁכָלְתִּי.

טו. וַיִּקְחוּ הָאֲנָשִׁים אֶת הַמִּנְחָה הַזֹּאת וּמִשְׁנֶה כֶּסֶף לָקְחוּ בְיָדָם וְאֶת בִּנְיָמִן וַיָּקֻמוּ וַיֵּרְדוּ מִצְרַיִם וַיַּעַמְדוּ לִפְנֵי יוֹסֵף.   טז. וַיַּרְא יוֹסֵף אִתָּם אֶת בִּנְיָמִין וַיֹּאמֶר לַאֲשֶׁר עַל בֵּיתוֹ הָבֵא אֶת הָאֲנָשִׁים הַבָּיְתָה וּטְבֹחַ טֶבַח וְהָכֵן כִּי אִתִּי יֹאכְלוּ הָאֲנָשִׁים בַּצָּהֳרָיִם.

43:1 The famine in Canaan was severe. 2 When they finished the rations which they had brought from Egypt, their father said, "Go again and buy food for us." 3 Judah said to him, "The man warned us, 'You will not see my face unless your youngest brother is with you.' 4 If you will send our brother, we will go... 5 If you will not send him, we will not go..." 6 Israel said, "Why did you serve me so poorly and tell the man that you had another brother?" 7 They replied, "The man kept asking about our family, saying, 'Is your father still alive? Do you have another brother?' So we answered him. How were we to know that he would say, 'Bring your brother here?'"

11 Then their father said, "If you must go, take some gifts for the man: some balm, honey, gum, ladanum, pistachio nuts, and almonds. 12 ...take back the money that was replaced in your bags, perhaps it was a mistake. 13 Take Benjamin also, and go back at once. 14 May the Lord have mercy and let the man release your brother, Simeon, and Benjamin; and if I am to be a mourner, I shall mourn."

15 So the brothers took the gifts, double the money, and Benjamin. They went back to Egypt and stood before Joseph. 16 When Joseph saw Benjamin with them, he said to his steward, "Bring the men into the house. Slaughter and prepare an animal, for they will eat with me this afternoon."

כו. וַיָּבֹא יוֹסֵף הַבַּיְתָה וַיָּבִיאוּ לוֹ אֶת הַמִּנְחָה
אֲשֶׁר בְּיָדָם הַבָּיְתָה וַיִּשְׁתַּחֲווּ לוֹ אָרְצָה. כז. וַיִּשְׁאַל
לָהֶם לְשָׁלוֹם וַיֹּאמֶר הֲשָׁלוֹם אֲבִיכֶם הַזָּקֵן אֲשֶׁר
אֲמַרְתֶּם הַעוֹדֶנּוּ חָי. כח. וַיֹּאמְרוּ שָׁלוֹם לְעַבְדְּךָ
לְאָבִינוּ עוֹדֶנּוּ חָי וַיִּקְּדוּ וַיִּשְׁתַּחֲווּ.

כט. וַיִּשָּׂא עֵינָיו וַיַּרְא אֶת בִּנְיָמִין אָחִיו בֶּן אִמּוֹ
וַיֹּאמֶר הֲזֶה אֲחִיכֶם הַקָּטֹן אֲשֶׁר אֲמַרְתֶּם אֵלָי וַיֹּאמַר
אֱלֹהִים יָחְנְךָ בְּנִי. ל. וַיְמַהֵר יוֹסֵף כִּי נִכְמְרוּ רַחֲמָיו
אֶל אָחִיו וַיְבַקֵּשׁ לִבְכּוֹת וַיָּבֹא הַחַדְרָה וַיֵּבְךְּ שָׁמָּה.
לא. וַיִּרְחַץ פָּנָיו וַיֵּצֵא וַיִּתְאַפַּק וַיֹּאמֶר שִׂימוּ לָחֶם.
לג. וַיֵּשְׁבוּ לְפָנָיו הַבְּכֹר כִּבְכֹרָתוֹ וְהַצָּעִיר כִּצְעִרָתוֹ
וַיִּתְמְהוּ הָאֲנָשִׁים אִישׁ אֶל רֵעֵהוּ. לד. וַיִּשָּׂא מַשְׂאֹת
מֵאֵת פָּנָיו אֲלֵהֶם וַתֵּרֶב מַשְׂאַת בִּנְיָמִן מִמַּשְׂאֹת
כֻּלָּם חָמֵשׁ יָדוֹת וַיִּשְׁתּוּ וַיִּשְׁכְּרוּ עִמּוֹ.

מד:א. וַיְצַו אֶת אֲשֶׁר עַל בֵּיתוֹ לֵאמֹר מַלֵּא אֶת
אַמְתְּחֹת הָאֲנָשִׁים אֹכֶל כַּאֲשֶׁר יוּכְלוּן שְׂאֵת וְשִׂים
כֶּסֶף אִישׁ בְּפִי אַמְתַּחְתּוֹ. ב. וְאֶת גְּבִיעִי גְּבִיעַ הַכֶּסֶף
תָּשִׂים בְּפִי אַמְתַּחַת הַקָּטֹן וְאֵת כֶּסֶף שִׁבְרוֹ וַיַּעַשׂ
כִּדְבַר יוֹסֵף אֲשֶׁר דִּבֵּר.

ג. הַבֹּקֶר אוֹר וְהָאֲנָשִׁים שֻׁלְּחוּ הֵמָּה וַחֲמֹרֵיהֶם.
ד. הֵם יָצְאוּ אֶת הָעִיר לֹא הִרְחִיקוּ וְיוֹסֵף אָמַר לַאֲשֶׁר
עַל בֵּיתוֹ קוּם רְדֹף אַחֲרֵי הָאֲנָשִׁים וְהִשַּׂגְתָּם וְאָמַרְתָּ
אֲלֵיהֶם לָמָּה שִׁלַּמְתֶּם רָעָה תַּחַת טוֹבָה. ה. הֲלוֹא זֶה
אֲשֶׁר יִשְׁתֶּה אֲדֹנִי בּוֹ וְהוּא נַחֵשׁ יְנַחֵשׁ בּוֹ הֲרֵעֹתֶם
אֲשֶׁר עֲשִׂיתֶם.

26 When Joseph came home, they presented the gifts, bowing down to the ground. 27 He greeted them, "How is your aged father? Is he still living?" 28 They replied, "All is well with your servant our father. He is still alive."

29 When Joseph saw his brother Benjamin, his mother's other son, he asked, "Is this your youngest brother? May God be gracious to you, son." 30 Joseph was overcome with emotion and was about to cry. He hurried to another room and cried there. 31 Then he washed his face and reappeared. Now in control of himself, he ordered, "Serve the meal." 33 Joseph seated them in order, from the oldest to the youngest. The brothers looked at each other in amazement. 34 The meal was served to each of them from his table, and Benjamin's portion was the largest. They drank with him till they were drunk.

44:1 Then Joseph instructed his steward, "Fill their bags with as much food as they can carry, and again put each one's money in his bag. 2 Also put my silver goblet in the bag of the youngest one."

3 At morning's light, the men were sent off with their animals. 4 They had not gone far from the city when Joseph said to his steward, "Go after the men and when you overtake them, say, 'Why did you repay good with evil? 5 My master uses the goblet for divination. This was a terrible thing for you to do!'"

ו. וַיַּשִּׂגֵם וַיְדַבֵּר אֲלֵיהֶם אֶת הַדְּבָרִים הָאֵלֶּה.
ז. וַיֹּאמְרוּ אֵלָיו לָמָּה יְדַבֵּר אֲדֹנִי כַּדְּבָרִים הָאֵלֶּה
חָלִילָה לַעֲבָדֶיךָ מֵעֲשׂוֹת כַּדָּבָר הַזֶּה. ח. הֵן כֶּסֶף אֲשֶׁר
מָצָאנוּ בְּפִי אַמְתְּחֹתֵינוּ הֱשִׁיבֹנוּ אֵלֶיךָ מֵאֶרֶץ כְּנָעַן
וְאֵיךְ נִגְנֹב מִבֵּית אֲדֹנֶיךָ כֶּסֶף אוֹ זָהָב. ט. אֲשֶׁר
יִמָּצֵא אִתּוֹ מֵעֲבָדֶיךָ וָמֵת וְגַם אֲנַחְנוּ נִהְיֶה לַאדֹנִי
לַעֲבָדִים. י. וַיֹּאמֶר... אֲשֶׁר יִמָּצֵא אִתּוֹ יִהְיֶה לִּי עָבֶד
וְאַתֶּם תִּהְיוּ נְקִיִּם.

יא. וַיְמַהֲרוּ וַיּוֹרִדוּ אִישׁ אֶת אַמְתַּחְתּוֹ אָרְצָה
וַיִּפְתְּחוּ אִישׁ אַמְתַּחְתּוֹ. יב. וַיְחַפֵּשׂ בַּגָּדוֹל הֵחֵל
וּבַקָּטֹן כִּלָּה וַיִּמָּצֵא הַגָּבִיעַ בְּאַמְתַּחַת בִּנְיָמִן.
יג. וַיִּקְרְעוּ שִׂמְלֹתָם וַיַּעֲמֹס אִישׁ עַל חֲמֹרוֹ וַיָּשֻׁבוּ
הָעִירָה.

יד. וַיָּבֹא יְהוּדָה וְאֶחָיו בֵּיתָה יוֹסֵף וְהוּא עוֹדֶנּוּ
שָׁם וַיִּפְּלוּ לְפָנָיו אָרְצָה. טז. וַיֹּאמֶר יְהוּדָה מַה נֹּאמַר
לַאדֹנִי מַה נְּדַבֵּר וּמַה נִּצְטַדָּק הָאֱלֹהִים מָצָא אֶת עֲוֹן
עֲבָדֶיךָ הִנֶּנּוּ עֲבָדִים לַאדֹנִי גַּם אֲנַחְנוּ גַּם אֲשֶׁר נִמְצָא
הַגָּבִיעַ בְּיָדוֹ. יז. וַיֹּאמֶר חָלִילָה לִּי מֵעֲשׂוֹת זֹאת
הָאִישׁ אֲשֶׁר נִמְצָא הַגָּבִיעַ בְּיָדוֹ הוּא יִהְיֶה לִּי עָבֶד
וְאַתֶּם עֲלוּ לְשָׁלוֹם אֶל אֲבִיכֶם.

6 When he overtook them and spoke those words, 7 they replied, "How can you say such things? Far be it from your servants to do anything like that! 8 We brought back the money that we found in our bags. Why would we steal anything from your master's house! 9 Whichever of your servants it is found with, shall die, and the rest of us will be slaves to my lord." 10 He replied, "...only the thief will be my slave. The rest of you shall go free."

11 So each one lowered his bag and opened it. 12 Joseph's steward searched the bags, beginning with the oldest and ending with the youngest. The goblet was found in Benjamin's bag. 13 They tore their clothes, reloaded the animals, and returned to the city.

14 Judah and his brothers came back to Joseph's house, and threw themselves on the ground before him. 16 Judah spoke, "My lord, what can we say to prove our innocence? God has uncovered your servants' crime. We are slaves of my lord, all of us including the one in whose bag the goblet was found." 17 Joseph replied, "Far be it for me to act this way! Only the one in whose possession the goblet was found shall be my slave. The rest of you may go in peace to your father."

יח. וַיִּגַּשׁ אֵלָיו יְהוּדָה וַיֹּאמֶר בִּי אֲדֹנִי יְדַבֶּר נָא
עַבְדְּךָ דָבָר בְּאָזְנֵי אֲדֹנִי וְאַל יִחַר אַפְּךָ בְּעַבְדֶּךָ כִּי
כָמוֹךָ כְּפַרְעֹה. ל. וְעַתָּה כְּבֹאִי אֶל עַבְדְּךָ אָבִי וְהַנַּעַר
אֵינֶנּוּ אִתָּנוּ וְנַפְשׁוֹ קְשׁוּרָה בְנַפְשׁוֹ. לא. וְהָיָה
כִּרְאוֹתוֹ כִּי אֵין הַנַּעַר וָמֵת וְהוֹרִידוּ עֲבָדֶיךָ אֶת
שֵׂיבַת עַבְדְּךָ אָבִינוּ בְּיָגוֹן שְׁאֹלָה. לב. כִּי עַבְדְּךָ עָרַב
אֶת הַנַּעַר מֵעִם אָבִי לֵאמֹר אִם לֹא אֲבִיאֶנּוּ אֵלֶיךָ
וְחָטָאתִי לְאָבִי כָּל הַיָּמִים. לג. וְעַתָּה יֵשֶׁב נָא עַבְדְּךָ
תַּחַת הַנַּעַר עֶבֶד לַאדֹנִי וְהַנַּעַר יַעַל עִם אֶחָיו.
לד. כִּי אֵיךְ אֶעֱלֶה אֶל אָבִי וְהַנַּעַר אֵינֶנּוּ אִתִּי פֶּן
אֶרְאֶה בָרָע אֲשֶׁר יִמְצָא אֶת אָבִי.

מה:א. וְלֹא יָכֹל יוֹסֵף לְהִתְאַפֵּק לְכֹל הַנִּצָּבִים
עָלָיו וַיִּקְרָא הוֹצִיאוּ כָל אִישׁ מֵעָלָי וְלֹא עָמַד אִישׁ
אִתּוֹ בְּהִתְוַדַּע יוֹסֵף אֶל אֶחָיו. ג. וַיֹּאמֶר יוֹסֵף אֶל
אֶחָיו אֲנִי יוֹסֵף הַעוֹד אָבִי חָי וְלֹא יָכְלוּ אֶחָיו לַעֲנוֹת
אֹתוֹ כִּי נִבְהֲלוּ מִפָּנָיו.

ד. וַיֹּאמֶר יוֹסֵף אֶל אֶחָיו גְּשׁוּ נָא אֵלַי וַיִּגָּשׁוּ
וַיֹּאמֶר אֲנִי יוֹסֵף אֲחִיכֶם אֲשֶׁר מְכַרְתֶּם אֹתִי מִצְרָיְמָה.
ה. וְעַתָּה אַל תֵּעָצְבוּ וְאַל יִחַר בְּעֵינֵיכֶם כִּי מְכַרְתֶּם
אֹתִי הֵנָּה כִּי לְמִחְיָה שְׁלָחַנִי אֱלֹהִים לִפְנֵיכֶם. ו. כִּי
זֶה שְׁנָתַיִם הָרָעָב בְּקֶרֶב הָאָרֶץ וְעוֹד חָמֵשׁ שָׁנִים אֲשֶׁר
אֵין חָרִישׁ וְקָצִיר. ז. וַיִּשְׁלָחֵנִי אֱלֹהִים לִפְנֵיכֶם לָשׂוּם
לָכֶם שְׁאֵרִית בָּאָרֶץ וּלְהַחֲיוֹת לָכֶם לִפְלֵיטָה גְּדֹלָה.

18 Then Judah went up to him and said, "Please, my lord, let your servant speak, and do not be angry, for you are the equal of Pharaoh. 30 If I come to your servant, my father, and he sees that the boy is not with us, since his own life is so bound up with his, 31 he will die, and your servants will send our father down to Sheol in grief.
32 I have pledged myself to my father, saying, 'If I do not bring him back to you, I shall stand guilty forever.'
33 Please let your servant remain as a slave instead of the boy, and let him return with his brothers. 34 How can I go back to my father without the boy? Let me not witness the grief that would overtake my father!"

45:1 Joseph could no longer hold himself back, and he cried out, "Everyone leave!" So there was no one else present when Joseph revealed himself to his brothers. 3 He said to his brothers, "I am Joseph. Is my father still alive?" They were so stunned, they could not answer.

4 Then Joseph said to them, "Come forward. I am your brother Joseph, whom you sold into Egypt. 5 Do not be bitter or angry with yourselves because you sold me. God sent me ahead of you to save life. 6 It is now two years that there has been famine, and there are still five more years to come. 7 God has sent me ahead of you to save your lives for an extraordinary deliverance.

ט. מַהֲרוּ וַעֲלוּ אֶל אָבִי וַאֲמַרְתֶּם אֵלָיו כֹּה אָמַר
בִּנְךָ יוֹסֵף שָׂמַנִי אֱלֹהִים לְאָדוֹן לְכָל מִצְרָיִם רְדָה אֵלַי
אַל תַּעֲמֹד. י. וְיָשַׁבְתָּ בְאֶרֶץ גֹּשֶׁן וְהָיִיתָ קָרוֹב אֵלַי
אַתָּה וּבָנֶיךָ וּבְנֵי בָנֶיךָ וְצֹאנְךָ וּבְקָרְךָ וְכָל אֲשֶׁר לָךְ.
יא. וְכִלְכַּלְתִּי אֹתְךָ שָׁם כִּי עוֹד חָמֵשׁ שָׁנִים רָעָב...

כה. וַיַּעֲלוּ מִמִּצְרָיִם וַיָּבֹאוּ אֶרֶץ כְּנַעַן אֶל יַעֲקֹב
אֲבִיהֶם. כו. וַיַּגִּדוּ לוֹ לֵאמֹר עוֹד יוֹסֵף חַי וְכִי הוּא
מֹשֵׁל בְּכָל אֶרֶץ מִצְרָיִם וַיָּפָג לִבּוֹ כִּי לֹא הֶאֱמִין לָהֶם.
כז. וַיְדַבְּרוּ אֵלָיו אֵת כָּל דִּבְרֵי יוֹסֵף אֲשֶׁר דִּבֶּר
אֲלֵיהֶם וַיַּרְא אֶת הָעֲגָלוֹת אֲשֶׁר שָׁלַח יוֹסֵף לָשֵׂאת
אֹתוֹ וַתְּחִי רוּחַ יַעֲקֹב אֲבִיהֶם. כח. וַיֹּאמֶר יִשְׂרָאֵל רַב
עוֹד יוֹסֵף בְּנִי חָי אֵלְכָה וְאֶרְאֶנּוּ בְּטֶרֶם אָמוּת.

מו:ה. וַיָּקָם יַעֲקֹב מִבְּאֵר שָׁבַע וַיִּשְׂאוּ בְנֵי
יִשְׂרָאֵל אֶת יַעֲקֹב אֲבִיהֶם וְאֶת טַפָּם וְאֶת נְשֵׁיהֶם
בָּעֲגָלוֹת... ו. וַיִּקְחוּ אֶת מִקְנֵיהֶם וְאֶת רְכוּשָׁם אֲשֶׁר
רָכְשׁוּ בְּאֶרֶץ כְּנַעַן וַיָּבֹאוּ מִצְרָיְמָה יַעֲקֹב וְכָל
זַרְעוֹ אִתּוֹ.

9 [Joseph continued,] "Hurry back to my father and say, 'Thus says your son Joseph, God has made me lord of all Egypt. Come to me without delay. 10 You will live near me in the region of Goshen, with your children, your flocks and herds, and all that is yours. 11 There I will provide for you during the five remaining years of famine...'"

25 The brothers went up from Egypt and came to their father, Jacob, in Canaan. 26 They said to him, "Joseph is still alive! He is ruler over all of Egypt." Jacob felt faint, for he did not believe them. 27 However when they told him all that Joseph had said, and when he saw the wagons that Joseph had sent to carry him, his spirit revived. 28 "This is enough! My son Joseph is still alive! I must go and see him before I die."

46:5 Jacob set out from Beersheba. The sons of Israel put their father, their children, and their wives in the wagons... 6 They took along their livestock and their possessions. Thus Jacob and all his offspring came to Egypt.

מז:יג. וְלֶחֶם אֵין בְּכָל הָאָרֶץ כִּי כָבֵד הָרָעָב מְאֹד... יד. וַיְלַקֵּט יוֹסֵף אֶת כָּל הַכֶּסֶף הַנִּמְצָא בְאֶרֶץ מִצְרַיִם וּבְאֶרֶץ כְּנַעַן בַּשֶּׁבֶר אֲשֶׁר הֵם שֹׁבְרִים וַיָּבֵא יוֹסֵף אֶת הַכֶּסֶף בֵּיתָה פַרְעֹה. טו. וַיִּתֹּם הַכֶּסֶף מֵאֶרֶץ מִצְרַיִם וּמֵאֶרֶץ כְּנַעַן וַיָּבֹאוּ כָל מִצְרַיִם אֶל יוֹסֵף לֵאמֹר הָבָה לָּנוּ לֶחֶם וְלָמָּה נָמוּת נֶגְדֶּךָ כִּי אָפֵס כָּסֶף. טז. וַיֹּאמֶר יוֹסֵף הָבוּ מִקְנֵיכֶם וְאֶתְּנָה לָכֶם בְּמִקְנֵיכֶם אִם אָפֵס כָּסֶף. יז. וַיָּבִיאוּ אֶת מִקְנֵיהֶם אֶל יוֹסֵף וַיִּתֵּן לָהֶם יוֹסֵף לֶחֶם... יח. וַתִּתֹּם הַשָּׁנָה הַהִוא וַיָּבֹאוּ אֵלָיו בַּשָּׁנָה הַשֵּׁנִית וַיֹּאמְרוּ לוֹ לֹא נְכַחֵד מֵאֲדֹנִי כִּי אִם תַּם הַכֶּסֶף וּמִקְנֵה הַבְּהֵמָה אֶל אֲדֹנִי לֹא נִשְׁאַר לִפְנֵי אֲדֹנִי בִּלְתִּי אִם גְּוִיָּתֵנוּ וְאַדְמָתֵנוּ.
יט. לָמָּה נָמוּת לְעֵינֶיךָ גַּם אֲנַחְנוּ גַּם אַדְמָתֵנוּ קְנֵה אֹתָנוּ וְאֶת אַדְמָתֵנוּ בַּלָּחֶם וְנִהְיֶה אֲנַחְנוּ וְאַדְמָתֵנוּ עֲבָדִים לְפַרְעֹה...

כג. וַיֹּאמֶר יוֹסֵף אֶל הָעָם הֵן קָנִיתִי אֶתְכֶם הַיּוֹם וְאֶת אַדְמַתְכֶם לְפַרְעֹה הֵא לָכֶם זֶרַע...
כה. וַיֹּאמְרוּ הֶחֱיִתָנוּ נִמְצָא חֵן בְּעֵינֵי אֲדֹנִי וְהָיִינוּ עֲבָדִים לְפַרְעֹה.

כּוֹס יַיִן שֵׁנִי

בָּרוּךְ אַתָּה יְיָ אֱלֹהֵינוּ מֶלֶךְ הָעוֹלָם, בּוֹרֵא פְּרִי הַגָּפֶן.

47:13 There was no bread in all the land, for the famine was very severe... 14 As payment for the rations, Joseph gathered into Pharaoh's palace all the money that was to be found. 15 When the money ran out, the Egyptians came to Joseph and said, "Give us bread, or we will die before your very eyes!" 16 Joseph said, "If the money is gone, bring your livestock." 17 So they brought their livestock to Joseph, and he gave them bread in exchange... 18 When that year was ended, they came to him and said, "With all our money and animals entrusted to you, nothing is left except ourselves and our farm land. 19 Let us not die before your eyes. Take us and our land in exchange for bread and we will be slaves to Pharaoh..."

23 Joseph said to the people, "In return for this grain, I have bought you and your land for Pharaoh..." 25 The Egyptians said, "You have saved our lives! We are grateful to my lord, to be slaves to Pharaoh."

The Second Cup of Wine

Blessed are You, Lord our God, Ruler of the universe who creates the fruit of the vine.

רָחְצָה
נְטִילַת יָדַיִם

נוטלים שוב את הידיים, אלא שהפעם
יש לברך על הנטילה:

בָּרוּךְ אַתָּה יְיָ אֱלֹהֵינוּ מֶלֶךְ הָעוֹלָם, אֲשֶׁר קִדְּשָׁנוּ בְּמִצְוֹתָיו וְצִוָּנוּ עַל נְטִילַת יָדַיִם.

מוֹצִיא מַצָּה
מְבָרְכִים עַל הַמַּצָּה

נותנים כזית מן המצות השלמות
(העליונה והתחתונה) לכל אחד:

בָּרוּךְ אַתָּה יְיָ אֱלֹהֵינוּ מֶלֶךְ הָעוֹלָם, הַמּוֹצִיא לֶחֶם מִן הָאָרֶץ.

בָּרוּךְ אַתָּה יְיָ אֱלֹהֵינוּ מֶלֶךְ הָעוֹלָם, אֲשֶׁר קִדְּשָׁנוּ בְּמִצְוֹתָיו וְצִוָּנוּ עַל אֲכִילַת מַצָּה.

מָרוֹר
מְבָרְכִים עַל אֲכִילַת מָרוֹר

טובלים כזית מן המרור (או חזרת) בתוך החרוסת:

בָּרוּךְ אַתָּה יְיָ אֱלֹהֵינוּ מֶלֶךְ הָעוֹלָם, אֲשֶׁר קִדְּשָׁנוּ בְּמִצְוֹתָיו וְצִוָּנוּ עַל אֲכִילַת מָרוֹר.

Rohtzah
Hand Washing

> Hands are washed:

Blessed are You, Lord our God, Ruler of the universe who has sanctified us with commandments, and commanded us to wash our hands.

Motzi Matzah
Blessing over Unleavened Bread

> Pieces of the top and middle matzah
> are given to each person:

Blessed are You, Lord our God, Ruler of the universe who brings forth bread from the earth.

Blessed are You, Lord our God, Ruler of the universe who has sanctified us with commandments, and commanded us to eat unleavened bread.

Maror
Blessing for Eating Bitter Herbs

> Dip some bitter herb in haroset:

Blessed are You, Lord our God, Ruler of the universe who has sanctified us with commandments, and commanded us to eat bitter herbs.

כּוֹרֵךְ

אוֹכְלִים מַצָּה וּמָרוֹר בְּיַחַד

לוקחים כזית מן המצה השלישית (התחתונה)
וכורכים בתוכה מרור:

זֵכֶר לְמִקְדָּשׁ כְּהִלֵּל, כֵּן עָשָׂה הִלֵּל בִּזְמַן שֶׁבֵּית הַמִּקְדָּשׁ הָיָה קַיָּם. הָיָה כּוֹרֵךְ פֶּסַח מַצָּה וּמָרוֹר וְאוֹכֵל בְּיַחַד, לְקַיֵּם מַה שֶּׁנֶּאֱמַר: "עַל מַצּוֹת וּמְרֹרִים יֹאכְלֻהוּ." (בְּמִדְבַּר ט:יא)

אַרְבַּע קוּשְׁיוֹת

מַה נִּשְׁתַּנָּה הַלַּיְלָה הַזֶּה מִכָּל הַלֵּילוֹת!

שֶׁבְּכָל הַלֵּילוֹת אָנוּ אוֹכְלִין חָמֵץ וּמַצָּה,
הַלַּיְלָה הַזֶּה, כֻּלּוֹ מַצָּה.

שֶׁבְּכָל הַלֵּילוֹת אָנוּ אוֹכְלִין שְׁאָר יְרָקוֹת,
הַלַּיְלָה הַזֶּה, מָרוֹר.

שֶׁבְּכָל הַלֵּילוֹת אֵין אָנוּ מַטְבִּילִין אֲפִילוּ פַּעַם אֶחָת,
הַלַּיְלָה הַזֶּה, שְׁתֵּי פְעָמִים.

שֶׁבְּכָל הַלֵּילוֹת אָנוּ אוֹכְלִין בֵּין יוֹשְׁבִין וּבֵין מְסוּבִּין,
הַלַּיְלָה הַזֶּה, כֻּלָּנוּ מְסֻבִּין.

את התשובות אפשר למצוא בחלק הבא, בהמשך המגיד.

Korech
Eating Unleavened Bread and Bitter Herbs Together

> Make a sandwich with pieces of the bottom matzah and bitter herbs.

As a reminder of the Temple ceremony, we do what Hillel did. He would make a sandwich of unleavened bread and bitter herbs to recall that the children of Israel ate the Paschal Sacrifice "with unleavened bread and bitter herbs." (Numbers 9:11)

Four Questions

How different this night is from all other nights!

On all other nights we eat leavened bread or matzah.
> Why, tonight, do we eat only matzah?

On all other nights we eat a variety of vegetables.
> Why, tonight, do we eat bitter herbs?

On all other nights we do not dip vegetables even once.
> Why, tonight, do we dip vegetables twice?

On all other nights we eat either sitting up or reclining.
> Why, tonight, do we eat reclining?

The answers are found in the next section, the continuation of Maggid.

מַגִּיד הֶמְשֵׁךְ
מְסַפְּרִים אֶת סִיפּוּר יְצִיאַת מִצְרַיִם

מִסֵּפֶר שְׁמוֹת

א:ו. וַיָּמָת יוֹסֵף וְכָל אֶחָיו וְכֹל הַדּוֹר הַהוּא. ז. וּבְנֵי יִשְׂרָאֵל פָּרוּ וַיִּשְׁרְצוּ וַיִּרְבּוּ וַיַּעַצְמוּ בִּמְאֹד מְאֹד... ח. וַיָּקָם מֶלֶךְ חָדָשׁ עַל מִצְרָיִם אֲשֶׁר לֹא יָדַע אֶת יוֹסֵף. ט. וַיֹּאמֶר אֶל עַמּוֹ הִנֵּה עַם בְּנֵי יִשְׂרָאֵל רַב וְעָצוּם מִמֶּנּוּ. י. הָבָה נִתְחַכְּמָה לוֹ פֶּן יִרְבֶּה וְהָיָה כִּי תִקְרֶאנָה מִלְחָמָה וְנוֹסַף גַּם הוּא עַל שֹׂנְאֵינוּ וְנִלְחַם בָּנוּ... יא. וַיָּשִׂימוּ עָלָיו שָׂרֵי מִסִּים לְמַעַן עַנֹּתוֹ בְּסִבְלֹתָם וַיִּבֶן עָרֵי מִסְכְּנוֹת לְפַרְעֹה אֶת פִּתֹם וְאֶת רַעַמְסֵס. יב. וְכַאֲשֶׁר יְעַנּוּ אֹתוֹ כֵּן יִרְבֶּה וְכֵן יִפְרֹץ וַיָּקֻצוּ מִפְּנֵי בְּנֵי יִשְׂרָאֵל.

יג. וַיַּעֲבִדוּ מִצְרַיִם אֶת בְּנֵי יִשְׂרָאֵל בְּפָרֶךְ. יד. וַיְמָרְרוּ אֶת חַיֵּיהֶם בַּעֲבוֹדָה קָשָׁה בְּחֹמֶר וּבִלְבֵנִים וּבְכָל עֲבוֹדָה בַּשָּׂדֶה... כב. וַיְצַו פַּרְעֹה לְכָל עַמּוֹ לֵאמֹר כָּל הַבֵּן הַיִּלּוֹד הַיְאֹרָה תַּשְׁלִיכֻהוּ וְכָל הַבַּת תְּחַיּוּן.

ב:א. וַיֵּלֶךְ אִישׁ מִבֵּית לֵוִי וַיִּקַּח אֶת בַּת לֵוִי. ב. וַתַּהַר הָאִשָּׁה וַתֵּלֶד בֵּן וַתֵּרֶא אֹתוֹ כִּי טוֹב הוּא וַתִּצְפְּנֵהוּ שְׁלֹשָׁה יְרָחִים. ג. וְלֹא יָכְלָה עוֹד הַצְּפִינוֹ וַתִּקַּח לוֹ תֵּבַת גֹּמֶא וַתַּחְמְרָה בַחֵמָר וּבַזָּפֶת וַתָּשֶׂם בָּהּ אֶת הַיֶּלֶד וַתָּשֶׂם בַּסּוּף עַל שְׂפַת הַיְאֹר. ד. וַתֵּתַצַּב אֲחֹתוֹ מֵרָחֹק לְדֵעָה מַה יֵּעָשֶׂה לוֹ.

Maggid continued
Telling the story of the Exodus from Egypt

From the book of Exodus

1:6 Joseph, his brothers, and all that generation died. 7 However, the Israelites had multiplied greatly... 8 A new Pharaoh arose, who did not know Joseph. 9 He said to his people, "The Israelites are much too numerous. 10 In the event of war they may join our enemies. So let us prevent them from increasing..." 11 The Egyptians set taskmasters to oppress them, and forced them to build the cities of Pithom and Raamses. 12 The more they were oppressed, the more they multiplied. The Egyptians dreaded the Israelites.

13 The Egyptians ruthlessly put the Israelites to hard labor. 14 They made life bitter with harsh work at mortar and bricks, and in the fields... 22 Then Pharaoh decreed, "Every Hebrew boy that is born will be thrown into the Nile, but every girl will live."

2:1 A certain Levite married a woman of his tribe. 2 She gave birth to a beautiful son and hid him for three months. 3 When she could hide him no longer, she caulked a basket with pitch, put the child into it, and placed it in the reeds by the bank of the Nile. 4 His sister watched from a distance to see what would happen.

ה. וַתֵּרֶד בַּת פַּרְעֹה לִרְחֹץ עַל הַיְאֹר וְנַעֲרֹתֶיהָ הֹלְכֹת עַל יַד הַיְאֹר וַתֵּרֶא אֶת הַתֵּבָה בְּתוֹךְ הַסּוּף וַתִּשְׁלַח אֶת אֲמָתָהּ וַתִּקָּחֶהָ. ו. וַתִּפְתַּח וַתִּרְאֵהוּ אֶת הַיֶּלֶד וְהִנֵּה נַעַר בֹּכֶה וַתַּחְמֹל עָלָיו וַתֹּאמֶר מִיַּלְדֵי הָעִבְרִים זֶה. ז. וַתֹּאמֶר אֲחֹתוֹ אֶל בַּת פַּרְעֹה הַאֵלֵךְ וְקָרָאתִי לָךְ אִשָּׁה מֵינֶקֶת מִן הָעִבְרִיֹּת וְתֵינִק לָךְ אֶת הַיָּלֶד. ח. וַתֹּאמֶר לָהּ בַּת פַּרְעֹה לֵכִי וַתֵּלֶךְ הָעַלְמָה וַתִּקְרָא אֶת אֵם הַיָּלֶד. ט. וַתֹּאמֶר לָהּ בַּת פַּרְעֹה הֵילִיכִי אֶת הַיֶּלֶד הַזֶּה וְהֵנִקִהוּ לִי וַאֲנִי אֶתֵּן אֶת שְׂכָרֵךְ וַתִּקַּח הָאִשָּׁה הַיֶּלֶד וַתְּנִיקֵהוּ. י. וַיִּגְדַּל הַיֶּלֶד וַתְּבִאֵהוּ לְבַת פַּרְעֹה וַיְהִי לָהּ לְבֵן וַתִּקְרָא שְׁמוֹ מֹשֶׁה וַתֹּאמֶר כִּי מִן הַמַּיִם מְשִׁיתִהוּ.

יא. וַיְהִי בַּיָּמִים הָהֵם וַיִּגְדַּל מֹשֶׁה וַיֵּצֵא אֶל אֶחָיו וַיַּרְא בְּסִבְלֹתָם וַיַּרְא אִישׁ מִצְרִי מַכֶּה אִישׁ עִבְרִי מֵאֶחָיו. יב. וַיִּפֶן כֹּה וָכֹה וַיַּרְא כִּי אֵין אִישׁ וַיַּךְ אֶת הַמִּצְרִי וַיִּטְמְנֵהוּ בַּחוֹל. יג. וַיֵּצֵא בַּיּוֹם הַשֵּׁנִי וְהִנֵּה שְׁנֵי אֲנָשִׁים עִבְרִים נִצִּים וַיֹּאמֶר לָרָשָׁע לָמָּה תַכֶּה רֵעֶךָ. יד. וַיֹּאמֶר מִי שָׂמְךָ לְאִישׁ שַׂר וְשֹׁפֵט עָלֵינוּ הַלְהָרְגֵנִי אַתָּה אֹמֵר כַּאֲשֶׁר הָרַגְתָּ אֶת הַמִּצְרִי... טו. וַיִּשְׁמַע פַּרְעֹה אֶת הַדָּבָר הַזֶּה וַיְבַקֵּשׁ לַהֲרֹג אֶת מֹשֶׁה וַיִּבְרַח מֹשֶׁה מִפְּנֵי פַרְעֹה וַיֵּשֶׁב בְּאֶרֶץ מִדְיָן...

5 Pharaoh's daughter came to bathe in the Nile. She saw the basket in the reeds and sent her slave girl to get it. 6 When she opened it and saw the crying boy, she took pity on him saying, "This is a Hebrew child." 7 The boy's sister said to Pharaoh's daughter, "Shall I get a Hebrew woman to nurse the child for you?" 8 Pharaoh's daughter agreed, and the girl went to call the child's mother.
9 Pharaoh's daughter said to her, "I will pay you to nurse this boy for me." So the mother took her child and nursed him. 10 The boy grew, and she brought him to Pharaoh's daughter, who made him her son. She named him Moses, saying, "I drew him out of the water."

11 Moses grew up and saw the toil of his people. One day, he saw an Egyptian beating a Hebrew.
12 He looked around, saw no none, struck down the Egyptian, and hid him in the sand. 13 The next day, he found a Hebrew beating another Hebrew. He said to the overseer, "Why do you strike your fellow Hebrew?"
14 The overseer retorted, "Who made you chief and ruler over us? Will you kill me also, as you killed the Egyptian?"... 15 Pharaoh learned about the matter and wanted to kill Moses; so Moses fled to the land of Midian...

ג:א. וּמֹשֶׁה הָיָה רֹעֶה אֶת צֹאן יִתְרוֹ חֹתְנוֹ כֹּהֵן מִדְיָן וַיִּנְהַג אֶת הַצֹּאן אַחַר הַמִּדְבָּר וַיָּבֹא אֶל הַר הָאֱלֹהִים חֹרֵבָה. ב. וַיֵּרָא מַלְאַךְ יהוה אֵלָיו בְּלַבַּת אֵשׁ מִתּוֹךְ הַסְּנֶה וַיַּרְא וְהִנֵּה הַסְּנֶה בֹּעֵר בָּאֵשׁ וְהַסְּנֶה אֵינֶנּוּ אֻכָּל. ד. וַיַּרְא יהוה כִּי סָר לִרְאוֹת וַיִּקְרָא אֵלָיו אֱלֹהִים מִתּוֹךְ הַסְּנֶה וַיֹּאמֶר מֹשֶׁה מֹשֶׁה וַיֹּאמֶר הִנֵּנִי. ה. וַיֹּאמֶר אַל תִּקְרַב הֲלֹם שַׁל נְעָלֶיךָ מֵעַל רַגְלֶיךָ כִּי הַמָּקוֹם אֲשֶׁר אַתָּה עוֹמֵד עָלָיו אַדְמַת קֹדֶשׁ הוּא. ו. וַיֹּאמֶר אָנֹכִי אֱלֹהֵי אָבִיךָ אֱלֹהֵי אַבְרָהָם אֱלֹהֵי יִצְחָק וֵאלֹהֵי יַעֲקֹב וַיַּסְתֵּר מֹשֶׁה פָּנָיו כִּי יָרֵא מֵהַבִּיט אֶל הָאֱלֹהִים.

ז. וַיֹּאמֶר יהוה רָאֹה רָאִיתִי אֶת עֳנִי עַמִּי אֲשֶׁר בְּמִצְרָיִם וְאֶת צַעֲקָתָם שָׁמַעְתִּי מִפְּנֵי נֹגְשָׂיו כִּי יָדַעְתִּי אֶת מַכְאֹבָיו. ח. וָאֵרֵד לְהַצִּילוֹ מִיַּד מִצְרַיִם וּלְהַעֲלֹתוֹ מִן הָאָרֶץ הַהִוא אֶל אֶרֶץ טוֹבָה וּרְחָבָה אֶל אֶרֶץ זָבַת חָלָב וּדְבָשׁ אֶל מְקוֹם הַכְּנַעֲנִי וְהַחִתִּי וְהָאֱמֹרִי וְהַפְּרִזִּי וְהַחִוִּי וְהַיְבוּסִי. י. וְעַתָּה לְכָה וְאֶשְׁלָחֲךָ אֶל פַּרְעֹה וְהוֹצֵא אֶת עַמִּי בְנֵי יִשְׂרָאֵל מִמִּצְרָיִם.

ד:כז. וַיֹּאמֶר יהוה אֶל אַהֲרֹן לֵךְ לִקְרַאת מֹשֶׁה הַמִּדְבָּרָה וַיֵּלֶךְ וַיִּפְגְּשֵׁהוּ בְּהַר הָאֱלֹהִים וַיִּשַּׁק לוֹ. כח. וַיַּגֵּד מֹשֶׁה לְאַהֲרֹן אֵת כָּל דִּבְרֵי יהוה אֲשֶׁר שְׁלָחוֹ...

ה:א. וְאַחַר בָּאוּ מֹשֶׁה וְאַהֲרֹן וַיֹּאמְרוּ אֶל פַּרְעֹה כֹּה אָמַר יהוה אֱלֹהֵי יִשְׂרָאֵל שַׁלַּח אֶת עַמִּי וְיָחֹגּוּ לִי בַּמִּדְבָּר. ב. וַיֹּאמֶר פַּרְעֹה מִי יהוה אֲשֶׁר אֶשְׁמַע בְּקֹלוֹ לְשַׁלַּח אֶת יִשְׂרָאֵל לֹא יָדַעְתִּי אֶת יהוה וְגַם אֶת יִשְׂרָאֵל לֹא אֲשַׁלֵּחַ.

3:1 Moses [married Zippora, daughter of] Jethro, the Priest of Midian. He tended his father-in-law's flock in the wilderness, and came to Horeb, the mountain of God. 2 There, an angel of the Lord appeared to him in a fire burning out of a bush. The bush was aflame but it was not consumed. 4 When the Lord saw that he had turned to look, God called out, "Moses! Moses!" He answered, "Here I am." 5 God said, "Do not come closer. Remove your sandals, for you are standing on holy ground. 6 I am the God of your ancestors, the God of Abraham, the God of Isaac, and the God of Jacob." Moses covered his face, for he was afraid to look at God.

7 The Lord continued, "I have noted the plight of My people in Egypt, I have heard their cries, and I am mindful of their suffering. 8 I have come to rescue them and to bring them out to a good and spacious land, a land flowing with milk and honey; the home of the Canaanites, the Hittites, the Amorites, the Perizzites, the Hivites, and the Jebusites. 10 I will send you to Pharaoh, and you shall free my people Israel from Egypt."

4:27 The Lord said to Aaron, "Go and meet Moses in the wilderness." He met his brother at the mountain of God and they kissed. 28 Moses told Aaron everything that the Lord had instructed him...

5:1 Moses and Aaron went to Pharaoh and said, "Thus says the Lord, God of Israel: Let My people go so they may celebrate for Me in the wilderness." 2 Pharaoh said, "Who is the Lord that I should listen to Him and let Israel go? I do not know the Lord, and I will not let Israel go."

ו:ב. וַיְדַבֵּר אֱלֹהִים אֶל מֹשֶׁה וַיֹּאמֶר אֵלָיו אֲנִי
יהוה. ג. וָאֵרָא אֶל אַבְרָהָם אֶל יִצְחָק וְאֶל יַעֲקֹב
בְּאֵל שַׁדָּי וּשְׁמִי יהוה לֹא נוֹדַעְתִּי לָהֶם. ד. וְגַם
הֲקִמֹתִי אֶת בְּרִיתִי אִתָּם לָתֵת לָהֶם אֶת אֶרֶץ כְּנָעַן
אֵת אֶרֶץ מְגֻרֵיהֶם אֲשֶׁר גָּרוּ בָהּ. ה. וְגַם אֲנִי
שָׁמַעְתִּי אֶת נַאֲקַת בְּנֵי יִשְׂרָאֵל אֲשֶׁר מִצְרַיִם
מַעֲבִדִים אֹתָם וָאֶזְכֹּר אֶת בְּרִיתִי. ו. לָכֵן אֱמֹר
לִבְנֵי יִשְׂרָאֵל אֲנִי יהוה וְהוֹצֵאתִי אֶתְכֶם מִתַּחַת
סִבְלֹת מִצְרַיִם וְהִצַּלְתִּי אֶתְכֶם מֵעֲבֹדָתָם וְגָאַלְתִּי
אֶתְכֶם בִּזְרוֹעַ נְטוּיָה וּבִשְׁפָטִים גְּדֹלִים. ז. וְלָקַחְתִּי
אֶתְכֶם לִי לְעָם וְהָיִיתִי לָכֶם לֵאלֹהִים... ח. וְהֵבֵאתִי
אֶתְכֶם אֶל הָאָרֶץ אֲשֶׁר נָשָׂאתִי אֶת יָדִי לָתֵת אֹתָהּ
לְאַבְרָהָם לְיִצְחָק וּלְיַעֲקֹב וְנָתַתִּי אֹתָהּ לָכֶם מוֹרָשָׁה
אֲנִי יהוה.

ז:יד. וַיֹּאמֶר יהוה אֶל מֹשֶׁה... טו. לֵךְ אֶל
פַּרְעֹה בַּבֹּקֶר הִנֵּה יֹצֵא הַמַּיְמָה וְנִצַּבְתָּ לִקְרָאתוֹ עַל
שְׂפַת הַיְאֹר... טז. וְאָמַרְתָּ אֵלָיו יהוה אֱלֹהֵי
הָעִבְרִים שְׁלָחַנִי אֵלֶיךָ לֵאמֹר שַׁלַּח אֶת עַמִּי
וְיַעַבְדֻנִי בַּמִּדְבָּר וְהִנֵּה לֹא שָׁמַעְתָּ עַד כֹּה. יז. כֹּה
אָמַר יהוה בְּזֹאת תֵּדַע כִּי אֲנִי יהוה הִנֵּה אָנֹכִי מַכֶּה
בַּמַּטֶּה אֲשֶׁר בְּיָדִי עַל הַמַּיִם אֲשֶׁר בַּיְאֹר וְנֶהֶפְכוּ
לְדָם. יח. וְהַדָּגָה אֲשֶׁר בַּיְאֹר תָּמוּת וּבָאַשׁ הַיְאֹר
וְנִלְאוּ מִצְרַיִם לִשְׁתּוֹת מַיִם מִן הַיְאֹר.

כ. וַיַּעֲשׂוּ כֵן מֹשֶׁה וְאַהֲרֹן כַּאֲשֶׁר צִוָּה יהוה
וַיָּרֶם בַּמַּטֶּה וַיַּךְ אֶת הַמַּיִם אֲשֶׁר בַּיְאֹר לְעֵינֵי פַרְעֹה
וּלְעֵינֵי עֲבָדָיו וַיֵּהָפְכוּ כָּל הַמַּיִם אֲשֶׁר בַּיְאֹר לְדָם.
כא. וְהַדָּגָה אֲשֶׁר בַּיְאֹר מֵתָה וַיִּבְאַשׁ הַיְאֹר וְלֹא יָכְלוּ
מִצְרַיִם לִשְׁתּוֹת מַיִם מִן הַיְאֹר וַיְהִי הַדָּם בְּכָל אֶרֶץ
מִצְרָיִם. כב. וַיַּעֲשׂוּ כֵן חַרְטֻמֵּי מִצְרַיִם בְּלָטֵיהֶם
וַיֶּחֱזַק לֵב פַּרְעֹה וְלֹא שָׁמַע אֲלֵיהֶם...

6:2 God spoke to Moses and said, "I am the Lord. 3 I appeared to Abraham, Isaac, and Jacob as El Shaddai, but I did not make My name known to them. 4 I established My covenant with them, to give them the land of Canaan in which they lived. 5 I have heard the moaning of the Israelites in slavery, and I have remembered My covenant. 6 Say to the people: I am the Lord. I will free you from your suffering in Egypt and I will deliver you from bondage. I will redeem you with an outstretched arm and great judgements. 7 I will take you to be My people, and I will be your God... 8 I will bring you to the land which I swore to Abraham, Isaac, and Jacob and I will give it to you as an inheritance. I am the Lord."

7:14 The Lord said to Moses... 15 "Go to Pharaoh in the morning, stand at the edge of the Nile... 16 and say to him, 'The God of the Hebrews says, Let My people go so they may worship Me in the wilderness, but you have not listened. 17 Thus says the Lord, With this you will know that I am the Lord.'" I shall strike the Nile with my rod and it will turn to blood. 18 The fish will die. The water will stink and it will be impossible to drink.

20 Moses and Aaron did as the Lord commanded. He lifted up his rod, struck the water in the Nile, and turned it to blood. 21 The fish died, the Nile stank, and the Egyptians could not drink its water. There was blood throughout the land. 22 When the Egyptians did the same with their magic, Pharaoh's heart hardened and he did not listen to them...

כה. וַיִּמָּלֵא שִׁבְעַת יָמִים... כו. וַיֹּאמֶר יהוה
אֶל מֹשֶׁה בֹּא אֶל פַּרְעֹה וְאָמַרְתָּ אֵלָיו כֹּה אָמַר יהוה
שַׁלַּח אֶת עַמִּי וְיַעַבְדֻנִי. כז. וְאִם מָאֵן אַתָּה לְשַׁלֵּחַ
הִנֵּה אָנֹכִי נֹגֵף אֶת כָּל גְּבוּלְךָ בַּצְפַרְדְּעִים.
כח. וְשָׁרַץ הַיְאֹר צְפַרְדְּעִים וְעָלוּ וּבָאוּ בְּבֵיתֶךָ
וּבַחֲדַר מִשְׁכָּבְךָ וְעַל מִטָּתֶךָ וּבְבֵית עֲבָדֶיךָ וּבְעַמֶּךָ
וּבְתַנּוּרֶיךָ וּבְמִשְׁאֲרוֹתֶיךָ.

ח:ב. וַיֵּט אַהֲרֹן אֶת יָדוֹ עַל מֵימֵי מִצְרָיִם וַתַּעַל
הַצְּפַרְדֵּעַ וַתְּכַס אֶת אֶרֶץ מִצְרָיִם. ג. וַיַּעֲשׂוּ כֵן
הַחַרְטֻמִּים בְּלָטֵיהֶם וַיַּעֲלוּ אֶת הַצְפַרְדְּעִים עַל אֶרֶץ
מִצְרָיִם. ד. וַיִּקְרָא פַרְעֹה לְמֹשֶׁה וּלְאַהֲרֹן וַיֹּאמֶר
הַעְתִּירוּ אֶל יהוה וְיָסֵר הַצְפַרְדְּעִים מִמֶּנִּי וּמֵעַמִּי
וַאֲשַׁלְּחָה אֶת הָעָם וְיִזְבְּחוּ לַיהוה. ח. וַיֵּצֵא מֹשֶׁה
וְאַהֲרֹן מֵעִם פַּרְעֹה וַיִּצְעַק מֹשֶׁה אֶל יהוה...
ט. וַיַּעַשׂ יהוה כִּדְבַר מֹשֶׁה וַיָּמֻתוּ הַצְפַרְדְּעִים מִן
הַבָּתִּים מִן הַחֲצֵרֹת וּמִן הַשָּׂדֹת. י. וַיִּצְבְּרוּ אֹתָם
חֳמָרִם חֳמָרִם וַתִּבְאַשׁ הָאָרֶץ. יא. וַיַּרְא פַּרְעֹה כִּי
הָיְתָה הָרְוָחָה וְהַכְבֵּד אֶת לִבּוֹ וְלֹא שָׁמַע אֲלֵיהֶם...

יב. וַיֹּאמֶר יהוה אֶל מֹשֶׁה אֱמֹר אֶל אַהֲרֹן נְטֵה
אֶת מַטְּךָ וְהַךְ אֶת עֲפַר הָאָרֶץ וְהָיָה לְכִנִּם בְּכָל
אֶרֶץ מִצְרָיִם. יג. וַיַּעֲשׂוּ כֵן... כָּל עֲפַר הָאָרֶץ הָיָה
כִנִּים בְּכָל אֶרֶץ מִצְרָיִם. יד. וַיַּעֲשׂוּ כֵן הַחַרְטֻמִּים
בְּלָטֵיהֶם לְהוֹצִיא אֶת הַכִּנִּים וְלֹא יָכֹלוּ...
טו. וַיֹּאמְרוּ הַחַרְטֻמִּים אֶל פַּרְעֹה אֶצְבַּע אֱלֹהִים הִוא
וַיֶּחֱזַק לֵב פַּרְעֹה וְלֹא שָׁמַע אֲלֵיהֶם...

25 Seven days passed... 26 and the Lord said to Moses, "Go to Pharaoh and say, 'Thus says the Lord: Let My people go so they may worship Me. 27 If you refuse, I will plague your country with frogs. 28 The Nile will swarm with frogs, and they will enter your palace, your bed, the houses of your courtiers and people, your ovens, and your kneading bowls.'"

8:2 Aaron held his arm over the waters, and the frogs came up and covered the land. 3 Then the Egyptians did the same with their spells, and brought more frogs. 4 Pharaoh called for Moses and Aaron, "Plead with the Lord to remove the frogs, and I will let the people go to sacrifice." 8 They left Pharaoh, and Moses cried out to the Lord... 9 The Lord did as Moses asked, and all the frogs died. 10 They piled them in heaps and the land stank. 11 Pharaoh was relieved, his heart hardened, and he did not listen...

12 Then the Lord said to Moses, "Say to Aaron, 'Hold out your rod, strike the earth, and the dust will turn to lice.'" 13 He did so... and all the dust of Egypt turned to lice. 14 The magicians tried to do the same with their spells, but could not... 15 They said to Pharaoh, "This is the finger of God!" Pharaoh's heart was hard and he would not listen...

טז. וַיֹּאמֶר יהוה אֶל מֹשֶׁה הַשְׁכֵּם בַּבֹּקֶר וְהִתְיַצֵּב
לִפְנֵי פַרְעֹה הִנֵּה יוֹצֵא הַמָּיְמָה וְאָמַרְתָּ אֵלָיו כֹּה
אָמַר יהוה שַׁלַּח עַמִּי וְיַעַבְדֻנִי. יז. כִּי אִם אֵינְךָ
מְשַׁלֵּחַ אֶת עַמִּי הִנְנִי מַשְׁלִיחַ בְּךָ וּבַעֲבָדֶיךָ וּבְעַמְּךָ
וּבְבָתֶּיךָ אֶת הֶעָרֹב וּמָלְאוּ בָּתֵּי מִצְרַיִם אֶת הֶעָרֹב
וְגַם הָאֲדָמָה אֲשֶׁר הֵם עָלֶיהָ. יח. וְהִפְלֵיתִי בַיּוֹם
הַהוּא אֶת אֶרֶץ גֹּשֶׁן אֲשֶׁר עַמִּי עֹמֵד עָלֶיהָ לְבִלְתִּי
הֱיוֹת שָׁם עָרוֹב לְמַעַן תֵּדַע כִּי אֲנִי יהוה בְּקֶרֶב
הָאָרֶץ. כ. וַיַּעַשׂ יהוה כֵּן וַיָּבֹא עָרֹב כָּבֵד בֵּיתָה
פַרְעֹה וּבֵית עֲבָדָיו וּבְכָל אֶרֶץ מִצְרַיִם תִּשָּׁחֵת הָאָרֶץ
מִפְּנֵי הֶעָרֹב.

כא. וַיִּקְרָא פַרְעֹה אֶל מֹשֶׁה וּלְאַהֲרֹן וַיֹּאמֶר לְכוּ
זִבְחוּ לֵאלֹהֵיכֶם בָּאָרֶץ. כב. וַיֹּאמֶר מֹשֶׁה לֹא נָכוֹן
לַעֲשׂוֹת כֵּן כִּי תּוֹעֲבַת מִצְרַיִם נִזְבַּח לַיהוה אֱלֹהֵינוּ
הֵן נִזְבַּח אֶת תּוֹעֲבַת מִצְרַיִם לְעֵינֵיהֶם וְלֹא יִסְקְלֻנוּ.
כג. דֶּרֶךְ שְׁלֹשֶׁת יָמִים נֵלֵךְ בַּמִּדְבָּר וְזָבַחְנוּ לַיהוה
אֱלֹהֵינוּ כַּאֲשֶׁר יֹאמַר אֵלֵינוּ. כד. וַיֹּאמֶר פַּרְעֹה
אָנֹכִי אֲשַׁלַּח אֶתְכֶם וּזְבַחְתֶּם לַיהוה אֱלֹהֵיכֶם בַּמִּדְבָּר
רַק הַרְחֵק לֹא תַרְחִיקוּ לָלֶכֶת הַעְתִּירוּ בַּעֲדִי.
כה. וַיֹּאמֶר מֹשֶׁה הִנֵּה אָנֹכִי יוֹצֵא מֵעִמָּךְ וְהַעְתַּרְתִּי
אֶל יהוה וְסָר הֶעָרֹב מִפַּרְעֹה מֵעֲבָדָיו וּמֵעַמּוֹ מָחָר
רַק אַל יֹסֵף פַּרְעֹה הָתֵל לְבִלְתִּי שַׁלַּח אֶת הָעָם לִזְבֹּחַ
לַיהוה. כו. וַיֵּצֵא מֹשֶׁה מֵעִם פַּרְעֹה וַיֶּעְתַּר אֶל
יהוה. כז. וַיַּעַשׂ יהוה כִּדְבַר מֹשֶׁה וַיָּסַר הֶעָרֹב
מִפַּרְעֹה מֵעֲבָדָיו וּמֵעַמּוֹ לֹא נִשְׁאַר אֶחָד.
כח. וַיַּכְבֵּד פַּרְעֹה אֶת לִבּוֹ גַּם בַּפַּעַם הַזֹּאת וְלֹא
שִׁלַּח אֶת הָעָם.

16 The Lord said to Moses, "Go to Pharaoh in the morning and say 'Thus says the Lord: Let My people go so they may worship Me. 17 If you do not let My people go, I will send swarms of insects against you and your people. Your houses will be filled with them. 18 However I will protect the region of Goshen where My people live, and no insects will come there. Then you will know that I am the Lord.'" 20 The Lord did so. Swarms of insects invaded Pharaoh's palace and the houses of his courtiers. They destroyed the land.

21 Then Pharaoh called for Moses and Aaron, "Go and sacrifice to your God within the land of Egypt." 22 Moses replied, "This would not be right, for what we sacrifice to our God is untouchable to the Egyptians. If they see our sacrifice, they will surely stone us! 23 So we must go three days into the wilderness to worship our God." 24 Pharaoh said, "I will let you go to sacrifice in the wilderness, but do not go far. Pray for me." 25 Moses said, "When I leave you, I will plead with the Lord to remove the insects, but do not deceive us again." 26 Moses left Pharaoh and pleaded with the Lord. 27 The Lord removed the swarms of insects. Not one remained. 28 Pharaoh became stubborn again, and did not let the people go.

ט:א. וַיֹּאמֶר יהוה אֶל מֹשֶׁה בֹּא אֶל פַּרְעֹה
וְדִבַּרְתָּ אֵלָיו כֹּה אָמַר יהוה אֱלֹהֵי הָעִבְרִים שַׁלַּח אֶת
עַמִּי וְיַעַבְדֻנִי. ב. כִּי אִם מָאֵן אַתָּה לְשַׁלֵּחַ...
ג. הִנֵּה יַד יהוה הוֹיָה בְּמִקְנְךָ אֲשֶׁר בַּשָּׂדֶה בַּסּוּסִים
בַּחֲמֹרִים בַּגְּמַלִּים בַּבָּקָר וּבַצֹּאן דֶּבֶר כָּבֵד מְאֹד.
ד. וְהִפְלָה יהוה בֵּין מִקְנֵה יִשְׂרָאֵל וּבֵין מִקְנֵה
מִצְרָיִם וְלֹא יָמוּת מִכָּל לִבְנֵי יִשְׂרָאֵל דָּבָר. ו. וַיַּעַשׂ
יהוה אֶת הַדָּבָר הַזֶּה מִמָּחֳרָת וַיָּמָת כֹּל מִקְנֵה מִצְרָיִם
וּמִמִּקְנֵה בְנֵי יִשְׂרָאֵל לֹא מֵת אֶחָד. ז. ...וַיִּכְבַּד לֵב
פַּרְעֹה וְלֹא שִׁלַּח אֶת הָעָם.

ח. וַיֹּאמֶר יהוה אֶל מֹשֶׁה וְאֶל אַהֲרֹן קְחוּ לָכֶם
מְלֹא חָפְנֵיכֶם פִּיחַ כִּבְשָׁן וּזְרָקוֹ מֹשֶׁה הַשָּׁמַיְמָה
לְעֵינֵי פַרְעֹה. ט. וְהָיָה לְאָבָק עַל כָּל אֶרֶץ מִצְרָיִם
וְהָיָה עַל הָאָדָם וְעַל הַבְּהֵמָה לִשְׁחִין פֹּרֵחַ אֲבַעְבֻּעֹת
בְּכָל אֶרֶץ מִצְרָיִם. י. וַיִּקְחוּ אֶת פִּיחַ הַכִּבְשָׁן
וַיַּעַמְדוּ לִפְנֵי פַרְעֹה וַיִּזְרֹק אֹתוֹ מֹשֶׁה הַשָּׁמָיְמָה וַיְהִי
שְׁחִין אֲבַעְבֻּעֹת פֹּרֵחַ בָּאָדָם וּבַבְּהֵמָה. יא. וְלֹא יָכְלוּ
הַחַרְטֻמִּים לַעֲמֹד לִפְנֵי מֹשֶׁה מִפְּנֵי הַשְּׁחִין כִּי הָיָה
הַשְּׁחִין בַּחֲרְטֻמִּם וּבְכָל מִצְרָיִם. יב. וַיְחַזֵּק יהוה
אֶת לֵב פַּרְעֹה וְלֹא שָׁמַע אֲלֵהֶם...

יג. וַיֹּאמֶר יהוה אֶל מֹשֶׁה הַשְׁכֵּם בַּבֹּקֶר וְהִתְיַצֵּב
לִפְנֵי פַרְעֹה וְאָמַרְתָּ אֵלָיו כֹּה אָמַר יהוה אֱלֹהֵי
הָעִבְרִים שַׁלַּח אֶת עַמִּי וְיַעַבְדֻנִי. יח. הִנְנִי מַמְטִיר
כָּעֵת מָחָר בָּרָד כָּבֵד מְאֹד... כג. וַיֵּט מֹשֶׁה אֶת
מַטֵּהוּ עַל הַשָּׁמַיִם וַיהוה נָתַן קֹלֹת וּבָרָד וַתִּהֲלַךְ אֵשׁ
אַרְצָה וַיַּמְטֵר יהוה בָּרָד עַל אֶרֶץ מִצְרָיִם. כה. וַיַּךְ
הַבָּרָד בְּכָל אֶרֶץ מִצְרַיִם אֵת כָּל אֲשֶׁר בַּשָּׂדֶה מֵאָדָם
וְעַד בְּהֵמָה וְאֵת כָּל עֵשֶׂב הַשָּׂדֶה הִכָּה הַבָּרָד וְאֶת כָּל
עֵץ הַשָּׂדֶה שִׁבֵּר. כו. רַק בְּאֶרֶץ גֹּשֶׁן אֲשֶׁר שָׁם בְּנֵי
יִשְׂרָאֵל לֹא הָיָה בָּרָד.

9:1 The Lord said to Moses, "Go to Pharaoh and say, 'Thus says the God of the Hebrews: Let My people go to worship Me. 2 If you refuse to let them go... 3 then the hand of the Lord will strike your animals with a severe pestilence. 4 However, the Lord will separate the livestock of Israel from that of the Egyptians, so that nothing of the Israelites will die.'" 6 The Lord did so the following day. All the livestock of the Egyptians died, but not an animal of the Israelites died. 7 ...still Pharaoh would not let the people go.

8 Then the Lord said to Moses and Aaron, "Take handfuls of soot from the kiln, and throw it toward the sky before Pharaoh. 9 It will become a fine dust over Egypt, and cause boils on man and beast." 10 They took the soot, threw it toward the sky before Pharaoh, and boils broke out on man and beast. 11 The magicians were unable to face Moses, for they and all the Egyptians were afflicted. 12 The Lord hardened the heart of Pharaoh, and he would not listen...

13 The Lord said to Moses, "In the morning stand before Pharaoh and say, 'Thus says the Lord, God of the Hebrews: Let My people go to worship Me. 18 Tomorrow I will rain down heavy hail...'" 23 Moses held out his rod toward the sky, and the Lord sent hail, thunder, and fire raining down on Egypt. 25 Throughout the land, hail struck down all men and animals that were in the open. All the fields and trees were smashed. 26 Only in Goshen, where the Israelites were, there was no hail.

כז. וַיִּשְׁלַח פַּרְעֹה וַיִּקְרָא לְמֹשֶׁה וּלְאַהֲרֹן וַיֹּאמֶר
אֲלֵיהֶם חָטָאתִי הַפָּעַם יהוה הַצַּדִּיק וַאֲנִי וְעַמִּי
הָרְשָׁעִים. כח. הַעְתִּירוּ אֶל יהוה וְרַב מִהְיֹת קֹלֹת
אֱלֹהִים וּבָרָד וַאֲשַׁלְּחָה אֶתְכֶם וְלֹא תֹסִפוּן לַעֲמֹד.
לג. וַיֵּצֵא מֹשֶׁה מֵעִם פַּרְעֹה אֶת הָעִיר וַיִּפְרֹשׂ כַּפָּיו
אֶל יהוה וַיַּחְדְּלוּ הַקֹּלוֹת וְהַבָּרָד וּמָטָר לֹא נִתַּךְ
אָרְצָה. לד. וַיַּרְא פַּרְעֹה כִּי חָדַל הַמָּטָר וְהַבָּרָד
וְהַקֹּלֹת... לה. וַיֶּחֱזַק לֵב פַּרְעֹה וְלֹא שִׁלַּח אֶת בְּנֵי
יִשְׂרָאֵל...

י:ג וַיָּבֹא מֹשֶׁה וְאַהֲרֹן אֶל פַּרְעֹה וַיֹּאמְרוּ אֵלָיו
כֹּה אָמַר יהוה אֱלֹהֵי הָעִבְרִים עַד מָתַי מֵאַנְתָּ לֵעָנֹת
מִפָּנָי שַׁלַּח עַמִּי וְיַעַבְדֻנִי. ד. כִּי אִם מָאֵן אַתָּה
לְשַׁלֵּחַ אֶת עַמִּי הִנְנִי מֵבִיא מָחָר אַרְבֶּה בִּגְבֻלֶךָ.
ה. וְכִסָּה אֶת עֵין הָאָרֶץ וְלֹא יוּכַל לִרְאֹת אֶת הָאָרֶץ
וְאָכַל אֶת יֶתֶר הַפְּלֵטָה הַנִּשְׁאֶרֶת לָכֶם מִן הַבָּרָד...
ו. ...וַיִּפֶן וַיֵּצֵא מֵעִם פַּרְעֹה.

ז. וַיֹּאמְרוּ עַבְדֵי פַרְעֹה אֵלָיו עַד מָתַי יִהְיֶה זֶה
לָנוּ לְמוֹקֵשׁ שַׁלַּח אֶת הָאֲנָשִׁים וְיַעַבְדוּ אֶת יהוה
אֱלֹהֵיהֶם הֲטֶרֶם תֵּדַע כִּי אָבְדָה מִצְרָיִם. ח. וַיּוּשַׁב
אֶת מֹשֶׁה וְאֶת אַהֲרֹן אֶל פַּרְעֹה וַיֹּאמֶר אֲלֵיהֶם לְכוּ
עִבְדוּ אֶת יהוה אֱלֹהֵיכֶם מִי וָמִי הַהֹלְכִים.
ט. וַיֹּאמֶר מֹשֶׁה בִּנְעָרֵינוּ וּבִזְקֵנֵינוּ נֵלֵךְ בְּבָנֵינוּ
וּבִבְנוֹתֵנוּ בְּצֹאנֵנוּ וּבִבְקָרֵנוּ נֵלֵךְ כִּי חַג יהוה לָנוּ.
י. וַיֹּאמֶר אֲלֵיהֶם... יא. לֹא כֵן לְכוּ נָא הַגְּבָרִים
וְעִבְדוּ אֶת יהוה כִּי אֹתָהּ אַתֶּם מְבַקְשִׁים וַיְגָרֶשׁ
אֹתָם מֵאֵת פְּנֵי פַרְעֹה.

27 Pharaoh sent for Moses and Aaron again and said, "This time I stand guilty. The Lord is right, and I and my people are wrong. 28 Plead with the Lord to end the hail and thunder. Then I will let you go." 33 Moses left the city and lifted his hands to the Lord. The hail and thunder stopped, and no rain poured down. 34 When Pharaoh saw that it had stopped... 35 his heart hardened and he would not let the Israelites go...

10:3 Moses and Aaron returned to Pharaoh and said, "Thus says the God of the Hebrews: 'How much longer will you refuse to humble yourself before Me? Let My people go so they may worship Me. 4 If you refuse to let My people go, I will bring locusts upon you. 5 They will cover the land, so that no one will even see the surface. They will devour whatever is left after the hail...'"
6 ...with that he turned away and left.

7 Pharaoh's courtiers said to him "How long will this man irritate us? Let them go to worship their God! Do you not know that Egypt is lost?" 8 So Moses and Aaron were brought back and Pharaoh said to them, "Go, worship the Lord your God! Who will be going?" 9 Moses answered, "We will all go: young and old, sons and daughters, flocks and herds; for we must celebrate a festival to the Lord." 10 Pharaoh said... 11 "No! Only the men may go!" They were removed from Pharaoh's presence.

יב. וַיֹּאמֶר יהוה אֶל מֹשֶׁה נְטֵה יָדְךָ עַל אֶרֶץ מִצְרַיִם בָּאַרְבֶּה וְיַעַל עַל אֶרֶץ מִצְרָיִם... יג. וַיֵּט מֹשֶׁה אֶת מַטֵּהוּ עַל אֶרֶץ מִצְרַיִם וַיהוה נִהַג רוּחַ קָדִים בָּאָרֶץ כָּל הַיּוֹם הַהוּא וְכָל הַלָּיְלָה הַבֹּקֶר הָיָה וְרוּחַ הַקָּדִים נָשָׂא אֶת הָאַרְבֶּה. יד. וַיַּעַל הָאַרְבֶּה עַל כָּל אֶרֶץ מִצְרַיִם וַיָּנַח בְּכֹל גְּבוּל מִצְרָיִם כָּבֵד מְאֹד לְפָנָיו לֹא הָיָה כֵן אַרְבֶּה כָּמֹהוּ... טו. וַיְכַס אֶת עֵין כָּל הָאָרֶץ וַתֶּחְשַׁךְ הָאָרֶץ וַיֹּאכַל אֶת כָּל עֵשֶׂב הָאָרֶץ וְאֵת כָּל פְּרִי הָעֵץ אֲשֶׁר הוֹתִיר הַבָּרָד וְלֹא נוֹתַר כָּל יֶרֶק בָּעֵץ וּבְעֵשֶׂב הַשָּׂדֶה בְּכָל אֶרֶץ מִצְרָיִם.

טז. וַיְמַהֵר פַּרְעֹה לִקְרֹא לְמֹשֶׁה וּלְאַהֲרֹן וַיֹּאמֶר חָטָאתִי לַיהוה אֱלֹהֵיכֶם וְלָכֶם. יז. וְעַתָּה שָׂא נָא חַטָּאתִי אַךְ הַפַּעַם וְהַעְתִּירוּ לַיהוה אֱלֹהֵיכֶם וְיָסֵר מֵעָלַי רַק אֶת הַמָּוֶת הַזֶּה. יח. וַיֵּצֵא מֵעִם פַּרְעֹה וַיֶּעְתַּר אֶל יהוה. יט. וַיַּהֲפֹךְ יהוה רוּחַ יָם חָזָק מְאֹד וַיִּשָּׂא אֶת הָאַרְבֶּה וַיִּתְקָעֵהוּ יָמָּה סּוּף לֹא נִשְׁאַר אַרְבֶּה אֶחָד בְּכֹל גְּבוּל מִצְרָיִם. כ. וַיְחַזֵּק יהוה אֶת לֵב פַּרְעֹה וְלֹא שִׁלַּח אֶת בְּנֵי יִשְׂרָאֵל.

כא. וַיֹּאמֶר יהוה אֶל מֹשֶׁה נְטֵה יָדְךָ עַל הַשָּׁמַיִם וִיהִי חֹשֶׁךְ עַל אֶרֶץ מִצְרָיִם וְיָמֵשׁ חֹשֶׁךְ. כב. וַיֵּט מֹשֶׁה אֶת יָדוֹ עַל הַשָּׁמָיִם וַיְהִי חֹשֶׁךְ אֲפֵלָה בְּכָל אֶרֶץ מִצְרַיִם שְׁלֹשֶׁת יָמִים. כג. לֹא רָאוּ אִישׁ אֶת אָחִיו וְלֹא קָמוּ אִישׁ מִתַּחְתָּיו שְׁלֹשֶׁת יָמִים וּלְכָל בְּנֵי יִשְׂרָאֵל הָיָה אוֹר בְּמוֹשְׁבֹתָם.

12 The Lord said to Moses, "Hold out your rod and bring locusts upon Egypt..." 13 Moses held out his rod, and the Lord drove an east wind over the land all day and night. By morning, the wind had brought the locusts. 14 They invaded the land in a thick mass. Never before had there been so many... 15 The land was hidden and was darkened by their shadow. They ate up the fields and the fruit of the trees which the hail had left. Nothing green remained in all of Egypt.

16 Pharaoh quickly called Moses and Aaron and said, "I stand guilty before your God and before you. 17 Forgive me just this once, and plead with the Lord to remove this death." 18 They left Pharaoh and pleaded with the Lord. 19 The Lord now drove a west wind, which cast the locusts into the Sea of Reeds. Not one remained. 20 The Lord hardened Pharaoh's heart again. He would not let the Israelites go.

21 Then the Lord said to Moses, "Hold out your arm toward the sky to bring a thick darkness on the land of Egypt." 22 Moses did so and heavy darkness descended for three days. 23 People could not see each other, and no one could even get up; but the Israelites enjoyed light in their homes.

כד. וַיִּקְרָא פַרְעֹה אֶל מֹשֶׁה וַיֹּאמֶר לְכוּ עִבְדוּ אֶת יהוה רַק צֹאנְכֶם וּבְקַרְכֶם יֻצָּג גַּם טַפְּכֶם יֵלֵךְ עִמָּכֶם. כה. וַיֹּאמֶר מֹשֶׁה גַּם אַתָּה תִּתֵּן בְּיָדֵנוּ זְבָחִים וְעֹלֹת וְעָשִׂינוּ לַיהוה אֱלֹהֵינוּ. כו. וְגַם מִקְנֵנוּ יֵלֵךְ עִמָּנוּ לֹא תִשָּׁאֵר פַּרְסָה... כז. וַיְחַזֵּק יהוה אֶת לֵב פַּרְעֹה וְלֹא אָבָה לְשַׁלְּחָם.

כח. וַיֹּאמֶר לוֹ פַרְעֹה לֵךְ מֵעָלָי הִשָּׁמֶר לְךָ אַל תֹּסֶף רְאוֹת פָּנַי כִּי בְּיוֹם רְאֹתְךָ פָנַי תָּמוּת. כט. וַיֹּאמֶר מֹשֶׁה כֵּן דִּבַּרְתָּ לֹא אֹסִף עוֹד רְאוֹת פָּנֶיךָ. יא:ד. ...כֹּה אָמַר יהוה כַּחֲצֹת הַלַּיְלָה אֲנִי יוֹצֵא בְּתוֹךְ מִצְרָיִם. ה. וּמֵת כָּל בְּכוֹר בְּאֶרֶץ מִצְרַיִם מִבְּכוֹר פַּרְעֹה הַיֹּשֵׁב עַל כִּסְאוֹ עַד בְּכוֹר הַשִּׁפְחָה אֲשֶׁר אַחַר הָרֵחָיִם וְכֹל בְּכוֹר בְּהֵמָה. ו. וְהָיְתָה צְעָקָה גְדֹלָה בְּכָל אֶרֶץ מִצְרָיִם... ז. וּלְכֹל בְּנֵי יִשְׂרָאֵל לֹא יֶחֱרַץ כֶּלֶב לְשֹׁנוֹ לְמֵאִישׁ וְעַד בְּהֵמָה לְמַעַן תֵּדְעוּן אֲשֶׁר יַפְלֶה יהוה בֵּין מִצְרַיִם וּבֵין יִשְׂרָאֵל. ח. וְיָרְדוּ כָל עֲבָדֶיךָ אֵלֶּה אֵלַי וְהִשְׁתַּחֲווּ לִי לֵאמֹר צֵא אַתָּה וְכָל הָעָם אֲשֶׁר בְּרַגְלֶיךָ וְאַחֲרֵי כֵן אֵצֵא וַיֵּצֵא מֵעִם פַּרְעֹה בָּחֳרִי אָף.

יב:א. וַיֹּאמֶר יהוה אֶל מֹשֶׁה וְאֶל אַהֲרֹן בְּאֶרֶץ מִצְרַיִם לֵאמֹר. ב. הַחֹדֶשׁ הַזֶּה לָכֶם רֹאשׁ חֳדָשִׁים רִאשׁוֹן הוּא לָכֶם לְחָדְשֵׁי הַשָּׁנָה. ג. דַּבְּרוּ אֶל כָּל עֲדַת יִשְׂרָאֵל לֵאמֹר בֶּעָשֹׂר לַחֹדֶשׁ הַזֶּה וְיִקְחוּ לָהֶם אִישׁ שֶׂה לְבֵית אָבֹת שֶׂה לַבָּיִת. ה. שֶׂה תָמִים זָכָר בֶּן שָׁנָה יִהְיֶה לָכֶם מִן הַכְּבָשִׂים וּמִן הָעִזִּים תִּקָּחוּ. ו. וְהָיָה לָכֶם לְמִשְׁמֶרֶת עַד אַרְבָּעָה עָשָׂר יוֹם לַחֹדֶשׁ הַזֶּה וְשָׁחֲטוּ אֹתוֹ כֹּל קְהַל עֲדַת יִשְׂרָאֵל בֵּין הָעַרְבָּיִם. ז. וְלָקְחוּ מִן הַדָּם וְנָתְנוּ עַל שְׁתֵּי הַמְּזוּזֹת וְעַל הַמַּשְׁקוֹף עַל הַבָּתִּים אֲשֶׁר יֹאכְלוּ אֹתוֹ בָּהֶם. ח. וְאָכְלוּ אֶת הַבָּשָׂר בַּלַּיְלָה הַזֶּה צְלִי אֵשׁ וּמַצּוֹת עַל מְרֹרִים יֹאכְלֻהוּ.

24 Pharaoh summoned Moses and said, "Go, worship the Lord! Even your children may go! Just leave your flocks and herds behind." 25 Moses said, "You must provide us with the sacrifices to offer to our God. 26 Our livestock will go with us and not a hoof will remain behind..." 27 The Lord hardened Pharaoh's heart and he would not let them go.

28 Pharaoh said to him, "Now be gone! Take care not to see my face again, for when you do, you shall die." 29 Moses replied, "As you have spoken. I shall not see your face again! 11:4 ...thus says the Lord, 'Toward midnight I will go out in the midst of Egypt, 5 and every first-born will die; from the first-born of Pharaoh to the first-born of the slave girl, and also that of the cattle.' 6 There will be a loud cry in all of Egypt... 7 but not even a dog will snarl at any Israelite, so that you may know that the Lord separates Egypt and Israel. 8 Then all your courtiers will bow down to me saying, 'Go, you and all who follow you!' After that I will go." Moses left the Pharaoh in a fury.

12:1 The Lord said to Moses and Aaron: 2 "This month will be the first month of the year. 3 Speak to the community of Israel and tell them that on the tenth of this month each household shall take a lamb, 5 one without blemish, a yearling male, from sheep or goats. 6 Keep it until the fourteenth day of the month, when the community of Israel will slaughter it at twilight. 7 They shall take some of its blood and put it on the doorposts and the lintel of their houses. 8 That night, they will eat the flesh roasted over the fire, with unleavened bread and with bitter herbs.

יא. וְכָכָה תֹּאכְלוּ אֹתוֹ מָתְנֵיכֶם חֲגֻרִים נַעֲלֵיכֶם בְּרַגְלֵיכֶם וּמַקֶּלְכֶם בְּיֶדְכֶם וַאֲכַלְתֶּם אֹתוֹ בְּחִפָּזוֹן פֶּסַח הוּא לַיהוה. יב. וְעָבַרְתִּי בְאֶרֶץ מִצְרַיִם בַּלַּיְלָה הַזֶּה וְהִכֵּיתִי כָל בְּכוֹר בְּאֶרֶץ מִצְרַיִם מֵאָדָם וְעַד בְּהֵמָה וּבְכָל אֱלֹהֵי מִצְרַיִם אֶעֱשֶׂה שְׁפָטִים אֲנִי יהוה. יג. וְהָיָה הַדָּם לָכֶם לְאֹת עַל הַבָּתִּים אֲשֶׁר אַתֶּם שָׁם וְרָאִיתִי אֶת הַדָּם וּפָסַחְתִּי עֲלֵיכֶם וְלֹא יִהְיֶה בָכֶם נֶגֶף לְמַשְׁחִית בְּהַכֹּתִי בְּאֶרֶץ מִצְרָיִם.

יד. וְהָיָה הַיּוֹם הַזֶּה לָכֶם לְזִכָּרוֹן וְחַגֹּתֶם אֹתוֹ חַג לַיהוה לְדֹרֹתֵיכֶם חֻקַּת עוֹלָם תְּחָגֻּהוּ. טו. שִׁבְעַת יָמִים מַצּוֹת תֹּאכֵלוּ... יט. שִׁבְעַת יָמִים שְׂאֹר לֹא יִמָּצֵא בְּבָתֵּיכֶם כִּי כָּל אֹכֵל מַחְמֶצֶת וְנִכְרְתָה הַנֶּפֶשׁ הַהִוא מֵעֲדַת יִשְׂרָאֵל בַּגֵּר וּבְאֶזְרַח הָאָרֶץ. כד. וּשְׁמַרְתֶּם אֶת הַדָּבָר הַזֶּה לְחָק לְךָ וּלְבָנֶיךָ עַד עוֹלָם.

הַבֵּן הָרִאשׁוֹן

כו. וְהָיָה כִּי יֹאמְרוּ אֲלֵיכֶם בְּנֵיכֶם מָה הָעֲבֹדָה הַזֹּאת לָכֶם. כז. וַאֲמַרְתֶּם זֶבַח פֶּסַח הוּא לַיהוה אֲשֶׁר פָּסַח עַל בָּתֵּי בְנֵי יִשְׂרָאֵל בְּמִצְרַיִם בְּנָגְפּוֹ אֶת מִצְרַיִם...

11 "You shall eat it quickly with your loins girded, sandals on, and staff in hand. It is a Paschal offering to the Lord. 12 On that night I will go through the land of Egypt and strike down every first-born and I, the Lord, will punish the gods of Egypt. 13 The blood on your houses will be a sign. When I see the blood I will pass over you, and no destruction will plague you when I strike Egypt.

14 "This day will be one of remembrance, a festival to the Lord throughout the ages. 15 Seven days you shall eat unleavened bread... 19 and for these seven days, no leaven shall be found in your homes. Whoever eats leavened food will be cut off from the community of Israel." 24 [Moses declared,] "You and your descendants shall observe this ritual for all time.

The First Child

26 "When your children ask you, 'What does this ritual mean?' 27 You shall say, 'It is the Paschal Sacrifice to the Lord, because He passed over the houses of the Israelites when He struck the Egyptians...'"

כט. וַיְהִי בַּחֲצִי הַלַּיְלָה וַיהוה הִכָּה כָל בְּכוֹר
בְּאֶרֶץ מִצְרַיִם... ל. וַיָּקָם פַּרְעֹה לַיְלָה הוּא וְכָל
עֲבָדָיו וְכָל מִצְרַיִם וַתְּהִי צְעָקָה גְדֹלָה בְּמִצְרָיִם כִּי
אֵין בַּיִת אֲשֶׁר אֵין שָׁם מֵת. לא. וַיִּקְרָא לְמֹשֶׁה
וּלְאַהֲרֹן לַיְלָה וַיֹּאמֶר קוּמוּ צְּאוּ מִתּוֹךְ עַמִּי גַּם אַתֶּם
גַּם בְּנֵי יִשְׂרָאֵל וּלְכוּ עִבְדוּ אֶת יהוה כְּדַבֶּרְכֶם.
לב. גַּם צֹאנְכֶם גַּם בְּקַרְכֶם קְחוּ כַּאֲשֶׁר דִּבַּרְתֶּם וָלֵכוּ
וּבֵרַכְתֶּם גַּם אֹתִי. לג. וַתֶּחֱזַק מִצְרַיִם עַל הָעָם
לְמַהֵר שַׁלְּחָם מִן הָאָרֶץ כִּי אָמְרוּ כֻּלָּנוּ מֵתִים.
לד. וַיִּשָּׂא הָעָם אֶת בְּצֵקוֹ טֶרֶם יֶחְמָץ...
לט. וַיֹּאפוּ אֶת הַבָּצֵק אֲשֶׁר הוֹצִיאוּ מִמִּצְרַיִם עֻגֹת
מַצּוֹת כִּי לֹא חָמֵץ כִּ גֹרְשׁוּ מִמִּצְרַיִם וְלֹא יָכְלוּ
לְהִתְמַהְמֵהַּ...

יג:א. וַיְדַבֵּר יהוה אֶל מֹשֶׁה לֵּאמֹר. ב. קַדֶּשׁ לִי
כָל בְּכוֹר פֶּטֶר כָּל רֶחֶם בִּבְנֵי יִשְׂרָאֵל בָּאָדָם וּבַבְּהֵמָה
לִי הוּא.

הַבֵּן הַשֵּׁנִי

ח. וְהִגַּדְתָּ לְבִנְךָ בַּיּוֹם הַהוּא לֵאמֹר בַּעֲבוּר זֶה
עָשָׂה יהוה לִי בְּצֵאתִי מִמִּצְרָיִם. יא. וְהָיָה כִּי יְבִיאֲךָ
יהוה אֶל אֶרֶץ הַכְּנַעֲנִי... וּנְתָנָהּ לָךְ. יב. וְהַעֲבַרְתָּ
כָל... פֶּטֶר שֶׁגֶר בְּהֵמָה אֲשֶׁר יִהְיֶה לְךָ הַזְּכָרִים לַיהוה.
יג ...וְכֹל בְּכוֹר אָדָם בְּבָנֶיךָ תִּפְדֶּה.

29 At midnight the Lord struck down all the first-born in the land of Egypt... 30 Pharaoh, his courtiers, and all the Egyptians awoke, for a loud cry was heard throughout the land. In every house there was someone dead. 31 Pharaoh called for Moses and Aaron in the middle of the night and said, "Up and get out from the midst of my people, you and your Israelites! Go, worship the Lord! 32 Take your flocks and herds and be gone! May your departure be a blessing on me!" 33 The Egyptians pressured the people to leave quickly, for they said, "Soon we will all be dead." 34 The Israelites took their dough before it was leavened... 39 They baked unleavened cakes from that dough, for they had been driven out and could not wait [for it to rise]...

13:1 The Lord spoke to Moses, 2 "Set apart for Me every first-born Israelite, both man and beast."

The Second Child

8 [Moses said to the people,] "You shall explain to your child, in time to come, 'This is because of what the Lord did for me when I was freed from Egypt.' 11 When the Lord has brought you into the land of the Canaanites... and has given it to you, 12 you shall set apart... for the Lord every first-born animal that is a male. 13 ...however, you shall redeem every first-born son."

הַבֵּן הַשְּׁלִישִׁי

יד. וְהָיָה כִּי יִשְׁאָלְךָ בִנְךָ מָחָר לֵאמֹר מַה זֹּאת וְאָמַרְתָּ אֵלָיו בְּחֹזֶק יָד הוֹצִיאָנוּ יהוה מִמִּצְרַיִם מִבֵּית עֲבָדִים. טו. וַיְהִי כִּי הִקְשָׁה פַרְעֹה לְשַׁלְּחֵנוּ וַיַּהֲרֹג יהוה כָּל בְּכוֹר בְּאֶרֶץ מִצְרַיִם מִבְּכֹר אָדָם וְעַד בְּכוֹר בְּהֵמָה עַל כֵּן אֲנִי זֹבֵחַ לַיהוה כָּל פֶּטֶר רֶחֶם הַזְּכָרִים וְכָל בְּכוֹר בָּנַי אֶפְדֶּה.

יד:ה. וַיֻּגַּד לְמֶלֶךְ מִצְרַיִם כִּי בָרַח הָעָם וַיֵּהָפֵךְ לְבַב פַּרְעֹה וַעֲבָדָיו אֶל הָעָם וַיֹּאמְרוּ מַה זֹּאת עָשִׂינוּ כִּי שִׁלַּחְנוּ אֶת יִשְׂרָאֵל מֵעָבְדֵנוּ. ו. וַיֶּאְסֹר אֶת רִכְבּוֹ... ז. וַיִּקַּח שֵׁשׁ מֵאוֹת רֶכֶב בָּחוּר וְכֹל רֶכֶב מִצְרָיִם וְשָׁלִשִׁם עַל כֻּלּוֹ. ח. וַיְחַזֵּק יהוה אֶת לֵב פַּרְעֹה מֶלֶךְ מִצְרַיִם וַיִּרְדֹּף אַחֲרֵי בְּנֵי יִשְׂרָאֵל... ט. ...וַיַּשִּׂיגוּ אוֹתָם חֹנִים עַל הַיָּם כָּל סוּס רֶכֶב פַּרְעֹה וּפָרָשָׁיו וְחֵילוֹ...

The Third Child

14 "When your child asks you, in time to come, 'What does this mean?' you shall say, 'With a mighty hand the Lord brought us out from slavery in Egypt. 15 When Pharaoh refused to let us go, the Lord killed every first-born Egyptian, both man and beast. Therefore I sacrifice to God every first-born animal that is a male, but redeem every first-born son.'"

14:5 When Pharaoh learned that the people had fled, he had a change of heart and said, "What have we done, releasing Israel from slavery?" 6 He ordered his chariot... 7 and led six hundred officers, all in chariots. 8 The Lord hardened Pharaoh's heart and he chased after the Israelites... 9 ...his chariots, horsemen, and warriors overtook them encamped by the sea...

י. וּפַרְעֹה הִקְרִיב וַיִּשְׂאוּ בְנֵי יִשְׂרָאֵל אֶת
עֵינֵיהֶם וְהִנֵּה מִצְרַיִם נֹסֵעַ אַחֲרֵיהֶם וַיִּירְאוּ מְאֹד
וַיִּצְעֲקוּ בְנֵי יִשְׂרָאֵל אֶל יהוה. טו. וַיֹּאמֶר יהוה אֶל
מֹשֶׁה מַה תִּצְעַק אֵלָי דַּבֵּר אֶל בְּנֵי יִשְׂרָאֵל וְיִסָּעוּ.
טז. וְאַתָּה הָרֵם אֶת מַטְּךָ וּנְטֵה אֶת יָדְךָ עַל הַיָּם
וּבְקָעֵהוּ וְיָבֹאוּ בְנֵי יִשְׂרָאֵל בְּתוֹךְ הַיָּם בַּיַּבָּשָׁה.
כא. וַיֵּט מֹשֶׁה אֶת יָדוֹ עַל הַיָּם וַיּוֹלֶךְ יהוה אֶת הַיָּם
בְּרוּחַ קָדִים עַזָּה כָּל הַלַּיְלָה וַיָּשֶׂם אֶת הַיָּם לֶחָרָבָה
וַיִּבָּקְעוּ הַמָּיִם. כב. וַיָּבֹאוּ בְנֵי יִשְׂרָאֵל בְּתוֹךְ הַיָּם
בַּיַּבָּשָׁה וְהַמַּיִם לָהֶם חוֹמָה מִימִינָם וּמִשְּׂמֹאלָם.
כג. וַיִּרְדְּפוּ מִצְרַיִם וַיָּבֹאוּ אַחֲרֵיהֶם כֹּל סוּס פַּרְעֹה
רִכְבּוֹ וּפָרָשָׁיו אֶל תּוֹךְ הַיָּם. כד. וַיְהִי בְּאַשְׁמֹרֶת
הַבֹּקֶר וַיַּשְׁקֵף יהוה אֶל מַחֲנֵה מִצְרַיִם בְּעַמּוּד אֵשׁ
וְעָנָן וַיָּהָם אֵת מַחֲנֵה מִצְרָיִם. כה. וַיָּסַר אֵת אֹפַן
מַרְכְּבֹתָיו וַיְנַהֲגֵהוּ בִּכְבֵדֻת וַיֹּאמֶר מִצְרַיִם אָנוּסָה
מִפְּנֵי יִשְׂרָאֵל כִּי יהוה נִלְחָם לָהֶם בְּמִצְרָיִם.

כו. וַיֹּאמֶר יהוה אֶל מֹשֶׁה נְטֵה אֶת יָדְךָ עַל הַיָּם
וְיָשֻׁבוּ הַמַּיִם עַל מִצְרַיִם עַל רִכְבּוֹ וְעַל פָּרָשָׁיו.
כז. וַיֵּט מֹשֶׁה אֶת יָדוֹ עַל הַיָּם וַיָּשָׁב הַיָּם לִפְנוֹת
בֹּקֶר לְאֵיתָנוֹ וּמִצְרַיִם נָסִים לִקְרָאתוֹ וַיְנַעֵר יהוה
אֶת מִצְרַיִם בְּתוֹךְ הַיָּם. כח. וַיָּשֻׁבוּ הַמַּיִם וַיְכַסּוּ אֶת
הָרֶכֶב וְאֶת הַפָּרָשִׁים לְכֹל חֵיל פַּרְעֹה הַבָּאִים
אַחֲרֵיהֶם בַּיָּם לֹא נִשְׁאַר בָּהֶם עַד אֶחָד. ל. וַיּוֹשַׁע
יהוה בַּיּוֹם הַהוּא אֶת יִשְׂרָאֵל מִיַּד מִצְרָיִם...
לא. וַיַּרְא יִשְׂרָאֵל אֶת הַיָּד הַגְּדֹלָה אֲשֶׁר עָשָׂה יהוה
בְּמִצְרַיִם וַיִּירְאוּ הָעָם אֶת יהוה וַיַּאֲמִינוּ בַּיהוה
וּבְמֹשֶׁה עַבְדּוֹ.

10 As the Israelites saw the Egyptians advancing, they became afraid and cried out to the Lord. 15 The Lord said to Moses, "Why are you crying to Me? Tell the Israelites to go forward. 16 Lift up your rod. Hold out your arm over the sea and split it. The Israelites will walk on dry ground." 21 Moses held out his arm over the sea. The Lord drove back the waters with a strong east wind all night, and the waters divided. 22 The Israelites walked on dry ground in the midst of the sea, and the waters formed a wall to their right and left. 23 All of Pharaoh's men with their horses and chariots pursued the Israelites into the sea. 24 The Lord looked down on the Egyptian army from a pillar of fire and cloud, and by the morning watch, they were in panic. 25 He locked the wheels of their chariots and they could not move. The Egyptians said, "Let us flee from the Israelites. The Lord is fighting for them."

26 Then the Lord said to Moses, "Hold your arm over the sea, and bring the waters back upon the Egyptians." 27 Moses held out his arm, and by morning the waters returned. The Egyptians fled from the waves, but the Lord hurled them back into the sea. 28 The waters covered Pharaoh's entire army. Not one remained. 30 That day, the Lord delivered Israel from the Egyptians...
31 When Israel saw the power of God against the Egyptians, they feared Him. They believed in God and in His servant Moses.

טו:א. אָז יָשִׁיר מֹשֶׁה וּבְנֵי יִשְׂרָאֵל אֶת הַשִּׁירָה
הַזֹּאת לַיהוה וַיֹּאמְרוּ לֵאמֹר
אָשִׁירָה לַיהוה כִּי גָאֹה גָּאָה סוּס וְרֹכְבוֹ רָמָה בַיָּם.
ב. עָזִּי וְזִמְרָת יָהּ
וַיְהִי לִי לִישׁוּעָה
זֶה אֵלִי וְאַנְוֵהוּ
אֱלֹהֵי אָבִי וַאֲרֹמְמֶנְהוּ.
ג. יהוה אִישׁ מִלְחָמָה יהוה שְׁמוֹ.
ד. מַרְכְּבֹת פַּרְעֹה וְחֵילוֹ יָרָה בַיָּם
וּמִבְחַר שָׁלִשָׁיו טֻבְּעוּ בְיַם סוּף.
ה. תְּהֹמֹת יְכַסְיֻמוּ
יָרְדוּ בִמְצוֹלֹת כְּמוֹ אָבֶן.
ו. יְמִינְךָ יהוה נֶאְדָּרִי בַּכֹּחַ
יְמִינְךָ יהוה תִּרְעַץ אוֹיֵב.
ז. וּבְרֹב גְּאוֹנְךָ תַּהֲרֹס קָמֶיךָ
תְּשַׁלַּח חֲרֹנְךָ יֹאכְלֵמוֹ כַּקַּשׁ.
ח. וּבְרוּחַ אַפֶּיךָ נֶעֶרְמוּ מַיִם
נִצְּבוּ כְמוֹ נֵד נֹזְלִים
קָפְאוּ תְהֹמֹת בְּלֶב יָם.
ט. אָמַר אוֹיֵב
אֶרְדֹּף אַשִּׂיג
אֲחַלֵּק שָׁלָל
תִּמְלָאֵמוֹ נַפְשִׁי
אָרִיק חַרְבִּי
תּוֹרִישֵׁמוֹ יָדִי.

15:1 Then Moses and the people of Israel sang this song to the Lord:
I will sing to the Lord, for He has triumphed greatly;
Horse and rider He has thrown into the sea.

> 2 The Lord is my strength and my might;
> He has been my deliverance.
> This is my God and I will glorify Him;
> The God of my ancestors, and I will exalt Him.

3 The Lord is a warrior; The Lord is His name!

> 4 Pharaoh's chariots and his warriors
> He has hurled into the sea;
> The best of his officers
> have drowned in the Sea of Reeds.

5 The deep waters covered them; They sank like a stone.

> 6 O Lord, Your right hand is glorious in power;
> O Lord, Your right hand shatters the enemy!

7 With great triumph You destroy Your opponents;
Your fury goes forth and consumes them like straw.

> 8 With the breath of your nostrils
> the waters stood up like a wall;
> They froze in the heart of the sea.

9 The enemy said,
"I will pursue and overtake,
I will distribute the spoil;
My desire shall be filled.
I will draw my sword,
my hand will destroy them."

י. נָשַׁפְתָּ בְרוּחֲךָ כִּסָּמוֹ יָם
צָלֲלוּ כַּעוֹפֶרֶת בְּמַיִם אַדִּירִים.
יא. מִי כָמֹכָה בָּאֵלִים יהוה
מִי כָּמֹכָה נֶאְדָּר בַּקֹּדֶשׁ
נוֹרָא תְהִלֹּת עוֹשֵׂה פֶלֶא.
יב. נָטִיתָ יְמִינְךָ תִּבְלָעֵמוֹ אָרֶץ.
יג. נָחִיתָ בְחַסְדְּךָ עַם זוּ גָּאָלְתָּ
נֵהַלְתָּ בְעָזְּךָ אֶל נְוֵה קָדְשֶׁךָ.
יד. שָׁמְעוּ עַמִּים יִרְגָּזוּן
חִיל אָחַז יֹשְׁבֵי פְּלָשֶׁת.
טו. אָז נִבְהֲלוּ אַלּוּפֵי אֱדוֹם
אֵילֵי מוֹאָב יֹאחֲזֵמוֹ רָעַד
נָמֹגוּ כֹּל יֹשְׁבֵי כְנָעַן.
טז. תִּפֹּל עֲלֵיהֶם אֵימָתָה וָפַחַד
בִּגְדֹל זְרוֹעֲךָ יִדְּמוּ כָּאָבֶן
עַד יַעֲבֹר עַמְּךָ יהוה
עַד יַעֲבֹר עַם זוּ קָנִיתָ.
יז. תְּבִאֵמוֹ וְתִטָּעֵמוֹ בְּהַר נַחֲלָתְךָ
מָכוֹן לְשִׁבְתְּךָ פָּעַלְתָּ יהוה
מִקְּדָשׁ אֲדֹנָי כּוֹנְנוּ יָדֶיךָ.
יח. יהוה יִמְלֹךְ לְעוֹלָם וָעֶד.
יט. כִּי בָא סוּס פַּרְעֹה בְּרִכְבּוֹ וּבְפָרָשָׁיו בַּיָּם
וַיָּשֶׁב יהוה עֲלֵיהֶם אֶת מֵי הַיָּם
וּבְנֵי יִשְׂרָאֵל הָלְכוּ בַיַּבָּשָׁה בְּתוֹךְ הַיָּם.

10 Your wind blew and the sea covered them;
Like lead, they sank in the mighty waters.

11 O Lord, who is like You among the heavenly;
Who is like You, glorious and holy,
doing wonders in awesome splendor!

12 Your right hand stretched out,
and the earth swallowed them.

13 With kindness You lead the people You redeemed;
With strength you guide them to Your holy place.

14 The nations have heard and they tremble;
Fear grips the inhabitants of Philistia.

15 The clans of Edom are frightened.
The mighty of Moab are overcome with trembling.
The dwellers in Canaan are melting away.

16 Dismay and dread have fallen on them;
By the might of Your arm they are quiet as stone,
until Your people cross over, O Lord,
until the people you have redeemed cross over.

17 You will establish them in Your own mountain,
the place You have made to live in, O Lord,
a sanctuary, O Lord, which Your hands formed.

18 The Lord shall reign for ever and ever!

19 Pharaoh's horses, his chariots, and his men
went into the sea, and the Lord turned the waters back
on them. However, the Israelites walked on dry ground
in the midst of the sea.

מִסֵּפֶר דְּבָרִים

הַבֵּן הָרְבִיעִי

ו:כ. כִּי יִשְׁאָלְךָ בִנְךָ מָחָר לֵאמֹר מָה הָעֵדֹת
וְהַחֻקִּים וְהַמִּשְׁפָּטִים אֲשֶׁר צִוָּה יהוה אֱלֹהֵינוּ אֶתְכֶם.
כא. וְאָמַרְתָּ לְבִנְךָ עֲבָדִים הָיִינוּ לְפַרְעֹה בְּמִצְרָיִם
וַיֹּצִאֵנוּ יהוה מִמִּצְרַיִם בְּיָד חֲזָקָה. כב. וַיִּתֵּן יהוה
אוֹתֹת וּמֹפְתִים גְּדֹלִים וְרָעִים בְּמִצְרַיִם בְּפַרְעֹה וּבְכָל
בֵּיתוֹ לְעֵינֵינוּ. כג. וְאוֹתָנוּ הוֹצִיא מִשָּׁם לְמַעַן
הָבִיא אֹתָנוּ לָתֶת לָנוּ אֶת הָאָרֶץ אֲשֶׁר נִשְׁבַּע
לַאֲבֹתֵינוּ. כד. וַיְצַוֵּנוּ יהוה לַעֲשׂוֹת אֶת כָּל הַחֻקִּים
הָאֵלֶּה... לְטוֹב לָנוּ כָּל הַיָּמִים לְחַיֹּתֵנוּ כְּהַיּוֹם הַזֶּה.
כה. וּצְדָקָה תִּהְיֶה לָנוּ כִּי נִשְׁמֹר לַעֲשׂוֹת אֶת כָּל
הַמִּצְוָה הַזֹּאת לִפְנֵי יהוה אֱלֹהֵינוּ...

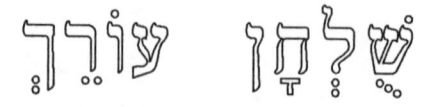

שֻׁלְחָן עוֹרֵךְ

אוֹכְלִים אֶת סְעוּדַת הֶחָג

From the Book of Deuteronomy

The Fourth Child

6:20 In time to come, when your child asks you, "What is the meaning of the laws which the Lord our God has commanded you?" 21 You shall say to your child, "We were slaves to Pharaoh in Egypt and the Lord freed us with a mighty hand. 22 We saw the Lord bring great and destructive signs against Pharaoh and the Egyptians. 23 He took us out from there, to give us the land that He had sworn to our fathers. 24 The Lord commanded us to observe these laws... for our continued well-being. 25 May we merit to faithfully observe this rite..."

Shulhan Orech
The Festive Meal is Served

צָפוּן

הַמַּצָּה הַצְּפוּנָה (הָאֲפִיקוֹמָן)

את החצי הצפון מהמצה האמצעית ששברו
ב"יחץ", אוכלים עכשיו -כמנה אחרונה.

בָּרֵךְ

בִּרְכַּת הַמָּזוֹן

תהלים קכ"ו

שִׁיר הַמַּעֲלוֹת
בְּשׁוּב יהוה אֶת שִׁיבַת צִיּוֹן
הָיִינוּ כְּחֹלְמִים.
אָז יִמָּלֵא שְׂחוֹק פִּינוּ
וּלְשׁוֹנֵנוּ רִינָּה
אָז יֹאמְרוּ בַגּוֹיִם
הִגְדִּיל יהוה לַעֲשׂוֹת עִם אֵלֶּה.
הִגְדִּיל יהוה לַעֲשׂוֹת עִמָּנוּ
הָיִינוּ שְׂמֵחִים.
שׁוּבָה יהוה אֶת שְׁבִיתֵנוּ
כַּאֲפִיקִים בַּנֶּגֶב.
הַזֹּרְעִים בְּדִמְעָה
בְּרִנָּה יִקְצֹרוּ.
הָלוֹךְ יֵלֵךְ וּבָכֹה
נֹשֵׂא מֶשֶׁךְ הַזָּרַע
בֹּא יָבֹא בְרִנָּה
נֹשֵׂא אֲלֻמֹּתָיו.

Tzafun
The Hidden Matzah

> The hidden half of the middle matzah which was broken earlier in the Yahatz section of the Seder is now eaten by all participants.

Barech
Grace After Meals

> Psalm 126

A song of the ascent:
When the Lord restores our exiles to Zion,
> we see it now, like a vivid dream.

Our mouths will be filled with laughter,
> and our tongues, with joyful song;
> then the nations will say,
> "The Lord has done great things with them!"

The Lord will do great things with us
> and we will be filled with happiness.

O Lord, restore our exiles,
> like streams in the Negev.

Those who sow with tears
> will reap in joyful song.

Though he goes away weeping
> carrying his seed-bag,
> he will come back with joyful song,
> bearing his sheaves.

קוראים לסרוגים עם המזמן:

רַבּוֹתַי נְבָרֵךְ.

יְהִי שֵׁם יְיָ מְבֹרָךְ מֵעַתָּה וְעַד עוֹלָם.

יְהִי שֵׁם יְיָ מְבֹרָךְ מֵעַתָּה וְעַד עוֹלָם. בִּרְשׁוּת מָרָנָן וְרַבּוֹתַי נְבָרֵךְ (אֱלֹהֵינוּ) שֶׁאָכַלְנוּ מִשֶּׁלּוֹ.

בָּרוּךְ (אֱלֹהֵינוּ) שֶׁאָכַלְנוּ מִשֶּׁלּוֹ וּבְטוּבוֹ חָיִינוּ.

בָּרוּךְ (אֱלֹהֵינוּ) שֶׁאָכַלְנוּ מִשֶּׁלּוֹ וּבְטוּבוֹ חָיִינוּ.

בָּרוּךְ הוּא וּבָרוּךְ שְׁמוֹ.

בָּרוּךְ אַתָּה יְיָ אֱלֹהֵינוּ מֶלֶךְ הָעוֹלָם, הַזָּן אֶת הָעוֹלָם כֻּלּוֹ בְּטוּבוֹ, בְּחֵן בְּחֶסֶד וּבְרַחֲמִים. הוּא נוֹתֵן לֶחֶם לְכָל בָּשָׂר כִּי לְעוֹלָם חַסְדּוֹ. וּבְטוּבוֹ הַגָּדוֹל תָּמִיד לֹא חָסַר לָנוּ וְאַל יֶחְסַר לָנוּ מָזוֹן לְעוֹלָם וָעֶד, בַּעֲבוּר שְׁמוֹ הַגָּדוֹל, כִּי הוּא זָן וּמְפַרְנֵס לַכֹּל, וּמֵטִיב לַכֹּל וּמֵכִין מָזוֹן לְכָל בְּרִיּוֹתָיו אֲשֶׁר בָּרָא. בָּרוּךְ אַתָּה יְיָ, הַזָּן אֶת הַכֹּל.

נוֹדֶה לְךָ יְיָ אֱלֹהֵינוּ עַל שֶׁהִנְחַלְתָּ לַאֲבוֹתֵינוּ אֶרֶץ חֶמְדָּה טוֹבָה וּרְחָבָה, וְעַל שֶׁהוֹצֵאתָנוּ יְיָ אֱלֹהֵינוּ מֵאֶרֶץ מִצְרָיִם. יִתְבָּרֵךְ שִׁמְךָ בְּפִי כָּל־חַי תָּמִיד לְעוֹלָם וָעֶד, כַּכָּתוּב: וְאָכַלְתָּ וְשָׂבָעְתָּ וּבֵרַכְתָּ אֶת יְיָ אֱלֹהֶיךָ עַל הָאָרֶץ הַטּוֹבָה אֲשֶׁר נָתַן לָךְ. בָּרוּךְ אַתָּה יְיָ, עַל הָאָרֶץ וְעַל הַמָּזוֹן.

Read responsively beginning with the leader:

Let us give thanks.

May God be praised, now and forever.

May God be praised, now and forever.
With your consent, let us praise God, of whose bounty we have eaten.

Blessed is God, of whose bounty we have eaten and by whose goodness we live.

Blessed is God, of whose bounty we have eaten and by whose goodness we live. Blessed are You and blessed is Your name.

> "When you have eaten... you shall
> praise God for the good land..."
> (Deuteronomy 8:10)

Blessed are You, Lord our God, Ruler of the universe who sustains the world with grace, kindness, and compassion. You provide food for all creatures. Your goodness has never failed us. All life is Your creation. Blessed are You, Lord, who sustains all life.

We thank You, Lord our God, for the pleasing, good, and ample land which You gave to our ancestors. Blessed are You, Lord, for the land and for its sustenance.

רַחֵם יְיָ אֱלֹהֵינוּ עַל יִשְׂרָאֵל עַמֶּךָ, וְעַל יְרוּשָׁלַיִם עִירֶךָ, וְעַל צִיּוֹן מִשְׁכַּן כְּבוֹדֶךָ, וְעַל מַלְכוּת בֵּית דָּוִד מְשִׁיחֶךָ. וּבְנֵה יְרוּשָׁלַיִם עִיר הַקֹּדֶשׁ בִּמְהֵרָה בְיָמֵינוּ. בָּרוּךְ אַתָּה יְיָ, בּוֹנֵה בְרַחֲמָיו יְרוּשָׁלָיִם. אָמֵן.

בָּרוּךְ אַתָּה יְיָ אֱלֹהֵינוּ מֶלֶךְ הָעוֹלָם, הַמֶּלֶךְ הַטּוֹב וְהַמֵּטִיב לַכֹּל, שֶׁבְּכָל יוֹם וָיוֹם הוּא הֵטִיב הוּא מֵטִיב, הוּא יֵיטִיב לָנוּ. הוּא גְמָלָנוּ הוּא גוֹמְלֵנוּ הוּא יִגְמְלֵנוּ לָעַד, לְחֵן לְחֶסֶד וּלְרַחֲמִים, וּמִכָּל טוּב אַל יְחַסְּרֵנוּ.

הָרַחֲמָן הוּא יְבָרֵךְ אֶת כָּל הַמְסֻבִּים כַּאן.

הָרַחֲמָן הוּא יְבָרֵךְ אֶת אַחֵינוּ בְּנֵי יִשְׂרָאֵל הַנְּתוּנִים בְּצָרָה וְיוֹצִיאֵם מֵאֲפֵלָה לְאוֹרָה.

בשבת

(הָרַחֲמָן הוּא יַנְחִילֵנוּ יוֹם שֶׁכֻּלּוֹ שַׁבָּת וּמְנוּחָה לְחַיֵּי הָעוֹלָמִים)

הָרַחֲמָן הוּא יַנְחִילֵנוּ יוֹם שֶׁכֻּלּוֹ טוֹב.

וְנִשָּׂא בְרָכָה מֵאֵת יְיָ וּצְדָקָה מֵאֱלֹהֵי יִשְׁעֵנוּ וְנִמְצָא חֵן וְשֵׂכֶל טוֹב בְּעֵינֵי אֱלֹהִים וְאָדָם. עֹשֶׂה שָׁלוֹם בִּמְרוֹמָיו הוּא יַעֲשֶׂה שָׁלוֹם עָלֵינוּ וְעַל כָּל יִשְׂרָאֵל, וְאִמְרוּ אָמֵן.

Lord our God, have mercy on your people Israel and on the House of David. Fully rebuild Jerusalem, our holy city. Blessed are You, Lord, who rebuilds Jerusalem.

Blessed are You, Lord our God, Ruler of the universe who is good to all. Continue to favor us with kindness and compassion, so we may see the days of the Messiah.

May the Merciful One bless all who are gathered here.

May the Merciful bless all our people who suffer, and bring them out of darkness into light.

On Shabbat:
[May the Merciful One grant us a restful Shabbat.]

May the Merciful One grant us a day filled with the spirit of this festival.

May we receive blessings from the Lord, kindness from the God of our deliverance. May we find grace and favor before God and mankind. May God who made the universe whole, bring peace to us and to all Israel. Let us say: Amen

כּוֹס יַיִן שְׁלִישִׁי

בָּרוּךְ אַתָּה יְיָ אֱלֹהֵינוּ מֶלֶךְ הָעוֹלָם, בּוֹרֵא פְּרִי הַגָּפֶן.

לעתים קרובות מדי בהסטורית העם היהודי, פתיחת הדלת בשרה על המוני אנטי שמיים רצחניים ועלילות דם. את הפסוקים האלה (כולם מדברי הכתובים) הוסיפו להגדה בימי הביניים:

שְׁפֹךְ חֲמָתְךָ אֶל הַגּוֹיִם אֲשֶׁר לֹא יְדָעוּךָ וְעַל מַמְלָכוֹת אֲשֶׁר בְּשִׁמְךָ לֹא קָרָאוּ. כִּי אָכַל אֶת יַעֲקֹב וְאֶת נָוֵהוּ הֵשַׁמּוּ. (תְּהִילִים עט:ו-ז) שְׁפָךְ עֲלֵיהֶם זַעְמֶךָ וַחֲרוֹן אַפְּךָ יַשִּׂיגֵם. (תְּהִילִים סט:כה) תִּרְדּוֹף בְּאַף וְתַשְׁמִידֵם מִתַּחַת שְׁמֵי יהוה. (איכה ג:סו)

פותחים את הדלת, מוזגים לתוך כוס יין מיוחד "כוס של אליהו" ומקבלים אותו:

אֵלִיָּהוּ הַנָּבִיא, אֵלִיָּהוּ הַתִּשְׁבִּי,
אֵלִיָּהוּ, אֵלִיָּהוּ, אֵלִיָּהוּ הַגִּלְעָדִי.
בִּמְהֵרָה בְיָמֵינוּ יָבוֹא אֵלֵינוּ, עִם מָשִׁיחַ בֶּן דָּוִד.

The Third Cup of Wine
Blessed are You, Lord our God, Ruler of the universe who creates the fruit of the vine.

> Too often in Jewish history the door was opened at Passover by murderous mobs with their mindless blood libels. During the Middle Ages, the following verses were added to the Haggadah:

"Pour out Your wrath on those people who do not know You and on those nations which do not call upon Your name. For they have devoured Jacob and laid waste his dwelling place." (Psalms 79:6-7) "Pour out Your wrath on them and may Your burning anger overcome them." (Psalms 69:25) "Pursue them in fury and destroy them from under God's heavens." (Lamentations 3:66)

> We open the door for Elijah the Prophet.
> His cup is filled with wine as he is
> welcomed:

Elijah, herald of the Messiah, may your day come soon to bring the annointed descendant of David.

הַלֵּל
תְּהִלִּים

תהילים קי"ד

בְּצֵאת יִשְׂרָאֵל מִמִּצְרָיִם
בֵּית יַעֲקֹב מֵעַם לֹעֵז.

הָיְתָה יְהוּדָה לְקָדְשׁוֹ
יִשְׂרָאֵל מַמְשְׁלוֹתָיו.

הַיָּם רָאָה וַיָּנֹס
הַיַּרְדֵּן יִסֹּב לְאָחוֹר.

הֶהָרִים רָקְדוּ כְאֵילִים
גְּבָעוֹת כִּבְנֵי-צֹאן.

מַה-לְּךָ הַיָּם כִּי תָנוּס
הַיַּרְדֵּן תִּסֹּב לְאָחוֹר.

הֶהָרִים תִּרְקְדוּ כְאֵילִים
גְּבָעוֹת כִּבְנֵי צֹאן.

מִלִּפְנֵי אָדוֹן חוּלִי אָרֶץ
מִלִּפְנֵי אֱלוֹהַּ יַעֲקֹב.

הַהֹפְכִי הַצּוּר אֲגַם-מָיִם
חַלָּמִישׁ לְמַעְיְנוֹ-מָיִם.

Hallel
Psalms

Psalm 114

When Israel left Egypt,
when Jacob left that foreign land;

> Judah became His special people,
> Israel, His domain.

The Sea fled at their sight,
the Jordan turned back.

> Mountains danced like rams,
> the hills, like sheep.

Sea, why did you flee?
River why did you turn back?

> Mountains and hills,
> why did you dance?

The earth trembled before the Lord,
 at the presence of the God of Jacob;

> Who turned rock to water,
> and flintstone, into a fountain.

תְּהִלִּים קט״ו

לֹא לָנוּ יהוה לֹא לָנוּ
כִּי לְשִׁמְךָ תֵּן כָּבוֹד
עַל חַסְדְּךָ עַל אֲמִתֶּךָ.

לָמָּה יֹאמְרוּ הַגּוֹיִם
אַיֵּה נָא אֱלֹהֵיהֶם.

וֵאלֹהֵינוּ בַשָּׁמָיִם
כֹּל אֲשֶׁר חָפֵץ עָשָׂה.

עֲצַבֵּיהֶם כֶּסֶף וְזָהָב
מַעֲשֵׂה יְדֵי אָדָם.

פֶּה לָהֶם וְלֹא יְדַבֵּרוּ
עֵינַיִם לָהֶם וְלֹא יִרְאוּ.

אָזְנַיִם לָהֶם וְלֹא יִשְׁמָעוּ
אַף לָהֶם וְלֹא יְרִיחוּן.

יְדֵיהֶם וְלֹא יְמִישׁוּן
רַגְלֵיהֶם וְלֹא יְהַלֵּכוּ
לֹא יֶהְגּוּ בִּגְרוֹנָם.

כְּמוֹהֶם יִהְיוּ עֹשֵׂיהֶם
כֹּל אֲשֶׁר בֹּטֵחַ בָּהֶם.

יִשְׂרָאֵל בְּטַח בַּיהוה
עֶזְרָם וּמָגִנָּם הוּא.

Psalm 115

Not to us, O Lord,
but to Your name give glory
through Your love and faithfulness.

> Why do the nations say,
> "Where is their God?"

When our God is in the heavens
and all that He wills is done.

> Their idols are of silver and gold,
> the work of human hands.

They have a mouth that cannot speak,
eyes that cannot see;

> They have ears that cannot hear,
> a nose that cannot smell;

They have hands that cannot touch,
feet that cannot walk;
they cannot make a sound in their throats.

> Those who create them,
> and all who trust in them,
> will become like them.

Israel, trust in the Lord!
He is their help and their shield.

בֵּית אַהֲרֹן בִּטְחוּ בַיהוה
עֶזְרָם וּמָגִנָּם הוּא.

יִרְאֵי יהוה בִּטְחוּ בַיהוה
עֶזְרָם וּמָגִנָּם הוּא.

יהוה זְכָרָנוּ יְבָרֵךְ
יְבָרֵךְ אֶת בֵּית יִשְׂרָאֵל
יְבָרֵךְ אֶת בֵּית אַהֲרֹן.

יְבָרֵךְ יִרְאֵי יהוה
הַקְּטַנִּים עִם הַגְּדֹלִים.

יֹסֵף יהוה עֲלֵיהֶם
עֲלֵיכֶם וְעַל בְּנֵיכֶם.

בְּרוּכִים אַתֶּם לַיהוה
עֹשֵׂה שָׁמַיִם וָאָרֶץ.

הַשָּׁמַיִם שָׁמַיִם לַיהוה
וְהָאָרֶץ נָתַן לִבְנֵי אָדָם.

לֹא הַמֵּתִים יְהַלְלוּ יָהּ
וְלֹא כָּל יֹרְדֵי דוּמָה.

וַאֲנַחְנוּ נְבָרֵךְ יָהּ
מֵעַתָּה וְעַד עוֹלָם הַלְלוּיָהּ.

כּוֹס יַיִן רְבִיעִי

בָּרוּךְ אַתָּה יְיָ אֱלֹהֵינוּ מֶלֶךְ הָעוֹלָם, בּוֹרֵא פְּרִי הַגָּפֶן.

> House of Aaron, trust in the Lord!
> He is their help and their shield.

You who fear the Lord, trust in the Lord!
He is their help and their shield.

> Lord, remember us and bless us!
> He will bless the house of Israel,
> He will bless the house of Aaron.

He will bless those who fear the Lord,
both small and great.

> May the Lord increase your blessings,
> and your children's as well.

May you be blessed by the Lord,
creator of heaven and earth.

> The heavens belong to the Lord,
> and the earth He has given to man.

The dead cannot praise the Lord,
nor can those who go down into silence.

> We will praise the Lord,
> now and forever. Hallelujah!

Fourth Cup of Wine

Blessed are You, Lord our God, Ruler of the universe who creates the fruit of the vine.

דַּיֵּנוּ

כַּמָּה מַעֲלוֹת טוֹבוֹת לַמָּקוֹם עָלֵינוּ!

אִילוּ הוֹצִיאָנוּ מִמִּצְרַיִם
וְלֹא עָשָׂה בָהֶם שְׁפָטִים, דַּיֵּנוּ.

אִילוּ עָשָׂה בָהֶם שְׁפָטִים
וְלֹא קָרַע לָנוּ אֶת הַיָּם, דַּיֵּנוּ.

אִילוּ קָרַע לָנוּ אֶת הַיָּם
וְלֹא הֶעֱבִירָנוּ בְתוֹכוֹ בֶּחָרָבָה, דַּיֵּנוּ.

אִילוּ הֶעֱבִירָנוּ בְתוֹכוֹ בֶּחָרָבָה
וְלֹא סִפֵּק צָרְכֵּנוּ בַּמִּדְבָּר אַרְבָּעִים שָׁנָה,
דַּיֵּנוּ.

אִילוּ סִפֵּק צָרְכֵּנוּ בַּמִּדְבָּר אַרְבָּעִים שָׁנָה
וְלֹא הֶאֱכִילָנוּ אֶת הַמָּן, דַּיֵּנוּ.

אִילוּ הֶאֱכִילָנוּ אֶת הַמָּן
וְלֹא נָתַן לָנוּ אֶת הַשַּׁבָּת, דַּיֵּנוּ.

אִילוּ נָתַן לָנוּ אֶת הַשַּׁבָּת
וְלֹא קֵרְבָנוּ לִפְנֵי הַר סִינַי, דַּיֵּנוּ.

אִילוּ קֵרְבָנוּ לִפְנֵי הַר סִינַי
וְלֹא נָתַן לָנוּ אֶת הַתּוֹרָה, דַּיֵּנוּ.

Dayyenu
It Would Have Been Enough

How gracious God has been to us!
Had He taken us out of Egypt
    without bringing judgements against them,
        it would have been enough.

Had He brought judgements against them
    without dividing the Red Sea for us,
        it would have been enough.

Had He divided the Red Sea for us
    without leading us across on dry land,
        it would have been enough.

Had He led us across on dry land
    without caring for us in the desert forty years,
        it would have been enough.

Had He cared for us in the desert forty years
    without feeding us manna,
        it would have been enough.

Had He fed us manna
    without giving us the Sabbath,
        it would have been enough.

Had He given us the Sabbath
    without bringing us to Mt. Sinai,
        it would have been enough.

Had He brought us to Mt. Sinai
    without giving us the Torah,
        it would have been enough.

אִילּוּ נָתַן לָנוּ אֶת הַתּוֹרָה
וְלֹא הִכְנִיסָנוּ לְאֶרֶץ יִשְׂרָאֵל, דַּיֵּנוּ.

אִילּוּ הִכְנִיסָנוּ לְאֶרֶץ יִשְׂרָאֵל
וְלֹא בָנָה לָנוּ אֶת בֵּית הַבְּחִירָה, דַּיֵּנוּ.

אֶחָד מִי יוֹדֵעַ

אֶחָד מִי יוֹדֵעַ ?
אֶחָד אֲנִי יוֹדֵעַ.
אֶחָד אֱלֹהֵינוּ שֶׁבַּשָּׁמַיִם וּבָאָרֶץ.

שְׁנַיִם מִי יוֹדֵעַ ?
שְׁנַיִם אֲנִי יוֹדֵעַ.
שְׁנֵי לֻחוֹת הַבְּרִית, אֶחָד אֱלֹהֵינוּ...

שְׁלֹשָׁה מִי יוֹדֵעַ ?
שְׁלֹשָׁה אֲנִי יוֹדֵעַ.
שְׁלֹשָׁה אָבוֹת, שְׁנֵי...

אַרְבַּע מִי יוֹדֵעַ ?
אַרְבַּע אֲנִי יוֹדֵעַ.
אַרְבַּע אִמָּהוֹת, שְׁלֹשָׁה...

חֲמִשָּׁה מִי יוֹדֵעַ ?
חֲמִשָּׁה אֲנִי יוֹדֵעַ.
חֲמִשָּׁה חוּמְשֵׁי תוֹרָה, אַרְבַּע...

Had He given us the Torah
> without bringing us into the Land of Israel,
>> it would have been enough.

Had He brought us into the Land of Israel
> without building the Temple for us,
>> it would have been enough.

Who Knows One

Who knows one?
I know one.
> One is our God in heaven and on earth.

Who knows two?
I know two.
> Two are the tablets of the covenant. One is...

Who knows three?
I know three.
> Three are the patriarchs. Two...

Who knows four?
I know four.
> Four are the matriarchs. Three...

Who knows five?
I know five.
> Five are the books of the Torah. Four...

שִׁשָּׁה מִי יוֹדֵעַ ?
שִׁשָּׁה אֲנִי יוֹדֵעַ.
שִׁשָּׁה סִדְרֵי מִשְׁנָה, חֲמִשָּׁה...

שִׁבְעָה מִי יוֹדֵעַ ?
שִׁבְעָה אֲנִי יוֹדֵעַ.
שִׁבְעָה יְמֵי שַׁבְּתָא, שִׁשָּׁה...

שְׁמוֹנָה מִי יוֹדֵעַ ?
שְׁמוֹנָה אֲנִי יוֹדֵעַ.
שְׁמוֹנָה יְמֵי מִילָה, שִׁבְעָה...

תִּשְׁעָה מִי יוֹדֵעַ ?
תִּשְׁעָה אֲנִי יוֹדֵעַ.
תִּשְׁעָה יַרְחֵי לֵדָה, שְׁמוֹנָה...

עֲשָׂרָה מִי יוֹדֵעַ ?
עֲשָׂרָה אֲנִי יוֹדֵעַ.
עֲשָׂרָה דִבְּרַיָּא, תִּשְׁעָה...

אַחַד עָשָׂר מִי יוֹדֵעַ ?
אַחַד עָשָׂר אֲנִי יוֹדֵעַ.
אַחַד עָשָׂר כּוֹכְבַיָּא, עֲשָׂרָה...

שְׁנֵים עָשָׂר מִי יוֹדֵעַ?
שְׁנֵים עָשָׂר אֲנִי יוֹדֵעַ.
שְׁנֵים עָשָׂר שִׁבְטַיָּא, אַחַד עָשָׂר...

שְׁלשָׁה עָשָׂר מִי יוֹדֵעַ ?
שְׁלשָׁה עָשָׂר אֲנִי יוֹדֵעַ.
שְׁלשָׁה עָשָׂר מִדַּיָּא, שְׁנֵים עָשָׂר...

Who knows six?
I know six.
    Six are the orders of the Mishnah. Five...

Who knows seven?
I know seven.
    Seven are the days of the week. Six ...

Who knows eight?
I know eight.
    Eight are the days to circumcision. Seven....

Who knows nine?
I know nine.
    Nine are the months to childbirth. Eight...

Who knows ten?
I know ten.
    Ten are the commandments. Nine...

Who knows eleven?
I know eleven.
    Eleven are the stars of Joseph's dream. Ten...

Who knows twelve?
I know twelve.
    Twelve are the tribes of Israel. Eleven ...

Who knows thirteen?
I know thirteen.
    Thirteen are the attributes of God. Twelve...

חַד גַּדְיָא

חַד גַּדְיָא, חַד גַּדְיָא,
דִּזְבַן אַבָּא בִּתְרֵי זוּזֵי,
חַד גַּדְיָא, חַד גַּדְיָא.

וַאֲתָא שֻׁנְרָא וְאָכַל לְגַדְיָא,
דִּזְבַן אַבָּא בִּתְרֵי זוּזֵי...

וַאֲתָא כַלְבָּא וְנָשַׁךְ לְשֻׁנְרָא,
דְּאָכַל לְגַדְיָא...

וַאֲתָא חוּטְרָה וְהִכָּה לְכַלְבָּא,
דְּנָשַׁךְ לְשוּנְרָא...

וַאֲתָא נוּרָא וְשָׂרַף לְחוּטְרָא,
דְּהִכָּה לְכַלְבָּא...

וַאֲתָא מַיָּא וְכָבָה לְנוּרָא,
דְּשָׂרַף לְחוּטְרָא...

וַאֲתָא תוֹרָא וְשָׁתָה לְמַיָּא,
דְּכָבָה לְנוּרָה...

וַאֲתָא הַשּׁוֹחֵט וְשָׁחַט לְתוֹרָא,
דְּשָׁתָא לְמַיָּא...

וַאֲתָא מַלְאַךְ הַמָּוֶת וְשָׁחַט לְשׁוֹחֵט,
דְּשָׁחַט לְתוֹרָא...

וַאֲתָא הַקָּדוֹשׁ בָּרוּךְ הוּא וְשָׁחַט לְמַלְאַךְ הַמָּוֶת,
דְּשָׁחַט לְשׁוֹחֵט...

An Only Kid

An only kid, an only kid,
    that my father bought for two zuzim,
        an only kid, an only kid.

Then came a cat
    that ate the kid, that my father...

Then came a dog
    that bit the cat, that ate...

Then came a stick
    that beat the dog, that bit...

Then came a fire
    that burnt the stick, that beat...

Then came water
    that quenched the fire, that burnt...

Then came an ox
    that drank the water, that quenched...

Then came a slaughterer
    who killed the ox, that drank...

Then came the angel of death
    who killed the slaughterer, who killed...

Then came the Holy One
    who killed the angel of death, who killed...

נִרְצָה

סִיּוּם

חֲסַל סִדּוּר פֶּסַח כְּהִלְכָתוֹ,
כְּכָל מִשְׁפָּטוֹ וְחֻקָּתוֹ.

כַּאֲשֶׁר זָכִינוּ לְסַדֵּר אוֹתוֹ,
כֵּן נִזְכֶּה לַעֲשׂוֹתוֹ.

זָךְ שׁוֹכֵן מְעוֹנָה,
קוֹמֵם קְהַל עֲדַת מִי מָנָה.

בְּקָרוֹב נַהֵל נִטְעֵי כַנָּה,
פְּדוּיִם לְצִיּוֹן בְּרִנָּה.

לַשָּׁנָה הַבָּאָה בִּירוּשָׁלָיִם!

Nirtzah
Conclusion

Our Seder is now completed,
    according to law and custom.

As we have merited to observe it this year,
    so may we enjoy the Seder in years to come.

You who are pure, dwelling on high,
    secure the multitudes of Your people.

Soon may You lead them,
    redeemed with joy to Zion.

Next Year in Jerusalem!